Les prophéties de Jésus de Nazareth

Les prophéties de Jésus de Nazareth

suivi de

Après la croix...

Romans atypiques

Roland ARNOLD

Les prophéties de Jésus de Nazareth

suivi de

Après la croix...

Romans atypiques

Roland ARNOLD

BoD Éditions 2020

*Tous droits de traduction,
d'adaptation et de reproduction
réservés pour tous pays
© 2019 Roland ARNOLD*

Présentation

Par les évangiles traditionnels, Jésus l'éveilleur, nous a transmis les Paroles qu'il a entendu de notre grand Maître, l'Éternel. Son message nous est parvenu dans un état déplorable. Il a été donné sous forme de paraboles et de symboles, d'une part parce que le niveau de conscience des humains des siècles passés était trop faible et d'autre part pour pouvoir transmettre la Science sacrée d'une manière occulte et dissimulée.

Les paroles d'homme de Jésus de Nazareth sont des prophéties qui peuvent se réaliser en chacun de nous. Ce sont les promesses de la Vie divine dans le Monde merveilleux organisé par Dieu.

Les évangiles sont comme les arcanes majeurs du jeu de cartes du tarot, ils respectent le principe de l'arcane : transmettre sans dévoiler, dire en arrière plan l'essentiel sans précisions et garder le Secret intact tout en divulguant quelques prémisses.
Fondamentalement, ces écrits restent notre principale source de connaissance et de compréhension du Monde de l'Esprit.

En 2020, nos sociétés sont au bord de la faillite économique, morale, écologique et religieuse. Personne ne sait s'il est encore temps de réagir et tout le monde ignore comment réagir. Les mentalités ont bien changées, les niveaux de conscience des humains modernes sont bien plus élevés.

Les évangiles traditionnels sont largement insuffisants pour nous mener au Monde divin extraordinaire et merveilleux. Ils en sont l'introduction à condition de les comprendre.

Ces écrits restent une excellente mise en scène pour pouvoir transmettre la connaissance de la Science divine. Sans aucun doute les évangiles révèlent une profondeur insoupçonnée.

Cette version revisitée et rectifiée sous forme de roman est conforme à la pensée de Jésus le messager et conforme à l'Esprit divin.

Ainsi, il est indispensable de redonner la toute première place au Maître, l'Éternel, qui enseigne partout et depuis toujours selon sa Volonté absolue.

Ce n'est pas parce que nos sociétés ont complètement éliminées l'Esprit de Dieu, qu'Il n'existe plus. Bien au contraire, il suffirait d'une toute petite étincelle de connaissance pour que le Feu divin puisse embraser un très grand nombre d'âmes de bonne volonté.

Les changements nécessaires seraient faciles à appliquer si la plupart de nos contemporains pouvaient retrouver le sens spirituel de la vie humaine et de son immense enjeu.

Il n'est jamais trop tard puisque la seule solution à tous les problèmes de nos vies est l'Éveil à l'Esprit divin.

Il s'agit en définitive, de ne plus croire aveuglement aux paroles de Jésus rapportées dans les évangiles traditionnels, mais il s'agit avant tout d'expérimenter ces prophéties réalistes pour comprendre et voir l'Esprit se répandre partout autour de nous. Il n'y a qu'un seul but : Voir Dieu pour le Salut de nos âmes.

L'Éternel nous parle à travers le silence des événements, par des Signes surnaturels, par les paroles des prophètes et des sages, par des Paroles révélées et par de nombreuses impressions inconscientes et conscientes. Il a mille manières pour nous enseigner, mais nous avons beaucoup de mal pour apprendre et comprendre sa Science sacrée.

    Heureux celui qui comprendra !

    L'être humain qui ignore qui il est et qui ne cherche pas à connaître l'Éternel, notre Dieu vivant, est venu sur la terre en vain. Sa vie est inutile et il reviendra sur cette terre pour une nouvelle incarnation, pour une nouvelle chance de compréhension.

    L'être humain qui a appris à se connaître et qui connaît l'Éternel, notre Dieu vivant, n'est pas venu sur la terre en vain. Sa vie a été profitable et il ne reviendra pas sur cette terre. Il est ainsi libéré, délivré et sauvé.
    Il rejoindra l'Éternel pour vivre auprès de Lui éternellement.

    Cherchez Dieu l'Esprit pour qu'Il vous révèle le Secret de son Monde merveilleux.

    Que tous les hommes déshérités de Dieu le Père redeviennent de riches héritiers !

Les prophéties de Jésus de Nazareth

Roman atypique

1

Le baptême du messager

La porte de la petite cabane au bord du Jourdain en Judée vient de s'ouvrir, un homme d'âge mûr en sort et va se baigner dans l'eau claire et limpide du fleuve. C'est Jean le baptiseur qui fait ses ablutions et sa méditation matinales. Le soleil de l'aube naissante inonde le ciel d'une teinte orangée intense et la pleine lune disparaît lentement dans la lumière du jour.

La fumée du feu au centre de la cabane monte tout droit dans le ciel sans ombres et sans nuages. Aujourd'hui, troisième pleine lune après le solstice d'hiver de l'an 28, est un grand jour. Il a rendez-vous avec son ami de longue date Jésus de Nazareth.

Comme tous les jours Jean reçoit les villageois de toute la contrée de Judée pour qu'ils soient baptisés d'eau et de conseils.

- Repentez-vous mes amis, leur dit-il, détournez-vous de vos erreurs mondaines, revenez à Dieu, l'Esprit éternel, cherchez son Monde supérieur, abandonnez la mauvaise pente de l'ignorance de Dieu et vous serez inondés de bonheur.

Les villageois savaient que Jean est un prophète authentique, un homme de Dieu qui a beaucoup étudié chez les Esséniens, les ermites du désert qui vivent séparés du monde, non loin d'ici.

Sous son apparence brute et sauvage, Jean est un homme bon, accompli par la Sagesse divine. Il vit dans son monde à part et il fascine les âmes de bonne volonté.

- Moi, je ne vous baptise que d'eau et de quelques paroles d'homme pour vous amener à la repentance, mais il y a au dessus de moi, le grand Maître, Dieu, qui seul peut vous baptiser de son Esprit de Vérité et Il est beaucoup plus puissant que moi, le Faucheur Dieu a la faux dans ses Mains. Il fauchera ceux qui sont indignes et Il fera venir auprès de Lui ceux qui sont dignes de Lui. Produisez donc des fruits dignes de la repentance. Cherchez-Le, faites retour à Lui et Il vous enseignera la Science de ses Signes.

Quelques années auparavant, Jean avait reçu le Secret divin de l'Éternel pour qu'il puisse remplir sa mission de baptiseur.

Les villageois étaient nombreux ce jour là. Au moment où le soleil arrivait à son zénith, Jésus, accompagné de Myriam de Magdala son inséparable âme sœur, s'approcha lentement.

Il trouva les yeux de Jean qui s'arrêta de parler. Un sourire complice les réunit immédiatement. Les deux hommes se connaissaient bien, ensemble ils avaient étudié la grande Science sacrée durant de nombreuses années. Ils s'étaient perdus de vue, car Jésus était parti dans un pays lointain pour approfondir les textes les plus anciens qui décrivent le Monde supérieur.

Jean déclara après l'avoir observé attentivement :
- Mon frère ! Quelle joie pour moi de te revoir ! Ton visage en dit long sur ta progression spirituelle !
- Mon frère ! lui répondit Jésus d'une voix très calme. Quelle joie pour moi d'être à nouveau avec toi. J'attendais ce moment depuis longtemps. Je suis venu pour me faire baptiser par toi.

Les prophéties de Jésus de Nazareth

- Quoi ? Tu veux que je te baptise avec de l'eau alors que Dieu t'a baptisé avec son Esprit ? Excuse-moi mais je suis trop petit. C'est plutôt moi qui ai besoin d'être baptisé par toi et tu viens à moi !

Un long silence chargée de la plénitude de l'instant présent envahit l'espace devenu trop petit. Les villageois ne pouvaient plus dire un mot, observant attentivement la scène.

- Jean ! Laisse faire maintenant la Volonté de notre Père l'Éternel car il est indispensable que nous accomplissions ainsi tout ce qui est juste. Tu sais bien que ce qui est juste, c'est de faire sa Volonté absolue.

Sans pouvoir résister et sans hésitation Jean le baptisa avec l'eau claire du Jourdain. Dès qu'il fut baptisé, ils sortirent de l'eau ensemble et rejoignirent la cabane de Jean en compagnie de Myriam après avoir renvoyé la foule. Et la soirée s'éternisa dans la joie indescriptible des retrouvailles.

2

La traversée du désert

Le lendemain matin, Jésus et Myriam rejoignirent le désert pour une retraite de 40 jours. Ils avaient besoin de méditer sur leur destinée. Ils ressentirent la nécessité de vaquer à Dieu le Père et d'écouter sa Parole. Connaissant une petite oasis paisible, ils y organisèrent leur séjour.

Lorsque les hommes et les femmes de bonne volonté ont le souhait de se purifier, les tentations contraires se présentent spontanément. Le monde matériel et ses tentations sont souvent représentés par le pain en abondance. Le tentateur, le diable, ce diviseur de l'âme humaine est une représentation imagée de l'ego. Jésus dit à Myriam :
- L'homme ne peut pas vivre de pain seulement, symbole des richesses matérielles, mais de toutes les Paroles qui sortent de la Bouche de Dieu.

Jésus et Myriam ont compris que l'homme et la femme, par leur orgueil démesuré se prennent souvent pour Dieu le Maître. Jésus ajoute :
- L'homme ne doit pas tenter Dieu en lui volant la première place.

Ils méditèrent sur les royaumes de ce monde matériel et humain, et sur la vanité de la gloire humaine. Ils savent que l'ego des hommes mondains aime la gloire et les richesses. Ils ont compris que les hommes qui recherchent Dieu, ne peuvent s'approcher de Lui qu'à la condition de détruire leur ego, leur volonté propre, leur orgueil.

Cet ego est le diable en l'homme, le satan diviseur qui veut être adoré et qui veut la gloire humaine.

Et Jésus s'exclame :
- Que l'homme dise à son ego, « Retire-toi satan » car l'homme doit adorer le Maître, l'Éternel et Le servir Lui seul.

Pendant quarante jours le prophète de Nazareth et Myriam, son épouse méditèrent sur le monde des hommes si différent du Monde de l'Esprit. Ils avaient compris la tyrannie de l'ego et la nécessité de le rendre transparent comme de l'eau de source.

Depuis quelques temps, Jésus ressentait profondément la Volonté du Maître, l'Éternel agir en lui. Il voyait sa mission se préciser et il comprenait qu'il devait transmettre aux hommes, ce qu'il avait appris de son Maître, l'Éternel. Il savait aussi qu'il est difficile de transmettre un message absolu qui remet toutes les vieilles habitudes mondaines en question.

La Science divine, Celle qui écorche sérieusement la suprématie illusoire de l'ego, est très difficilement acceptée par tous ceux qui se croient forts et maîtres de leur destinée.

Mais l'Appel de son Maître était bien plus fort que lui, si bien qu'il ne put y résister.

Et main dans la main, ils se mirent joyeusement en route, ils savaient enfin ce qu'ils devaient faire.

3

Les prophéties sur le rocher

Après leur retraite dans le désert, Jésus le messager et Myriam vinrent demeurer près de la mer de Galilée. Ils apprirent que les autorités locales ne toléraient guère les prophètes et ils étaient consternés par l'arrestation de leur ami Jean le baptiseur.

Dès ce moment Jésus commença sa vie de prophète, interpellant les gens du pays : « Repentez-vous, revenez au Père l'Éternel car le Monde fait par son Esprit est tout proche de vous. »

Le couple parcourait la contrée et Jésus parlait souvent devant les Temples des villages pour annoncer la bonne nouvelle de l'existence d'un Monde supérieur merveilleux. Myriam, à ses côtés, répondait à ceux qui étaient trop intimidés par Jésus. Il savait que les maladies et les infirmités du corps étaient le reflet des maladies et infirmités de l'âme humaine. Par ses paroles de sagesse, il parvenait à faire comprendre cela aux personnes malades qui l'écoutaient. Sa renommée se repandit comme une traînée de poudre car sa parole était juste et convaincante. Il arrivait à bien soulager les personnes par sa présence, par son silence et surtout par ses paroles qui vivifiaient leur foi.

Sur leur chemin, ils rencontrèrent deux pêcheurs qui étaient en train de jeter leur filet dans la mer. Jésus leur dit :

- Mes amis, je suis heureux de vous revoir, je me rappelle bien de vous, Pierre et Thomas, nous avions discuté un moment ensemble il y a deux semaines. Si vous voulez, venez avec moi et au lieu de pêchez des poissons, je vous montrerai comment pêcher les Signes de Dieu et comment suivre sa Volonté. Sur le champs, ils laissèrent leur filet, et conquis par la connaissance de leur nouvel ami, ils s'en allèrent avec lui.

Un peu plus loin, ils rencontrèrent Jacques et Jean qui laissèrent aussi leur filet pour suivre Jésus, le nouveau prophète. Pierre, Thomas, Jacques et Jean emmenèrent Jésus et Myriam auprès de leurs épouses.

Vers l'après-midi, une grande foule s'était rassemblée à flanc de colline, autour d'eux. Un homme très âgé s'avança difficilement et lui demanda :
- Parle-nous de ce que tu as appris durant tes voyages, jamais nous avons entendu des paroles comme les tiennes. Nous savons bien que ta connaissance ne vient pas d'une science de chez nous. Oui parle, donne-nous ton enseignement pour que nous puissions, nous aussi, nous réjouir comme vous !

Alors Jésus vient s'asseoir sur un rocher tout proche et commence à parler lentement :
- Heureux vous les pauvres en volonté personnelle, en ego car le Monde de l'Esprit divin est pour vous.

Heureux vous les affligés, car vous serez consolés par l'Éternel le Père des hommes.

Heureux vous qui êtes bons, car vous hériterez le Monde divin.

Heureux vous qui avez faim et soif de connaître Dieu, vous serez rassasiés.

Heureux vous les miséricordieux car Dieu sera miséricordieux avec vous.

Heureux vous qui purifiez votre cœur de votre volonté personnelle et de votre égoïsme par rapport à Dieu, vous pourrez ainsi espérer Le voir.

Heureux vous qui recevez la Paix de l'Éternel, vous êtes ses Fils.

Heureux vous qui êtes éprouvés par le Maître divin pour que vous appreniez ce qui est juste selon Lui car son Monde est pour vous.

Réjouissez-vous de vos épreuves, heureux serez-vous lorsqu'on vous outragera, qu'on vous persécutera et qu'on dira faussement de vous toutes sortes de mal, à cause de Dieu.

Réjouissez-vous et soyez dans la joie parce que vos épreuves sont méritoires, votre Récompense sera immense. C'est ainsi que le Maître a éprouvé puis récompensé les sages méritants qui ont été avant vous.

Dieu est comparable au sel. Comme le sel donne la saveur aux aliments, Dieu donne la Saveur à la vie. L'Éternel ne peut pas perdre sa Saveur, le sel non plus. Dieu ne peut pas être jeté dehors et être foulé par les pieds des hommes, mais seulement le sel.

Dieu est la Lumière de la Connaissance à l'image d'une ville située sur une montagne, elle ne peut pas être cachée. Ainsi vous n'allumez pas une lampe pour la cacher mais vous la mettez sur la table pour qu'elle éclaire tous ceux qui sont dans votre maison.

Que Dieu, la Lumière de la Connaissance illumine tous les hommes afin qu'ils voient les Bonnes Œuvres de Dieu et qu'ils Lui donnent la Gloire que Lui seul mérite.

N'oubliez pas la Loi de l'Éternel et ne L'abolissez pas car vous êtes sur la terre non pour abolir mais pour vous accomplir selon sa Volonté.

Si votre connaissance de Dieu ne surpasse pas celle de ceux qui enseignent les lois religieuses humaines, vous ne pourrez pas entrer dans le Royaume de la compréhension de l'Esprit divin.

Ne vous mettez pas en colère contre votre frère, ne critiquez personne, critiquez-vous d'abord.

La Délivrance de l'ignorance du Monde divin est donnée par le Maître tout puissant au prix de votre ego. Pour sortir de l'exil de l'ignorance, il vous faudra payer jusqu'à la dernière pensée impure et égoïste.

Une femme sortit des rangs et interpella l'orateur :
- Je comprends bien le rôle de l'humilité dans toute approche de Dieu, mais quand tu parles de l'ego je ne comprends pas cette notion nouvelle. Peux-tu m'expliquer ?
- L'ego est une surimposition à l'âme naturelle, une sorte de diable en nous qui n'en fait qu'à sa tête, qui veut la gloire humaine et les richesses et c'est lui qui nous divise par rapport à l'Éternel. En prenant la première place, il nous gâche la vie en nous séparant de Dieu. Notre travail consiste donc à nous séparer de notre ego comme d'un vêtement usagé. Alors notre âme retrouve sa pureté naturelle et en même temps elle devient capable d'accueillir l'Esprit qui nous gouverne tous.

La femme manifesta sa surprise, puis d'un signe de tête confirma son approbation.

La voix paisible du messager s'éleva distinctement :
- Ne soyez pas infidèles à Dieu à l'image de l'adultère des êtres humains. Si vous êtes infidèles à Dieu, c'est comme si

vous êtes infidèles à votre époux ou épouse. Soyez donc honnêtes envers Dieu et envers l'âme avec qui vous partager votre vie.

Ne jurez jamais par le ciel parce que c'est le Trône de Dieu, ni par la terre parce que c'est son Marchepied. Ne jurez pas non plus par votre tête car vous ne pouvez pas rendre blanc ou noir un seul de vos cheveux.

Que votre parole soit oui oui ou non non, ce que vous y ajoutez vient de l'ego, ce diviseur malsain en vous qui parle toujours faux. Parlez peu, écoutez plutôt la Parole de l'Éternel en vous et partout autour de vous.

Ce qui vous arrive est selon la Volonté de l'Éternel. Pour agir selon sa Volonté et pour mériter son Monde merveilleux, ne résistez pas aux hommes méchants. Si quelqu'un vous frappe sur la joue droite, présentez-lui aussi la gauche. Si quelqu'un veut plaider contre vous et prendre votre tunique, laissez-lui encore votre manteau. Si quelqu'un vous force à faire un kilomètre, faites-en deux avec lui. Il faut comprendre que Dieu utilise les hommes méchants et bons comme des instruments pour que vous compreniez son Monde divin.

Donnez à celui qui vous demande et ne vous détournez pas de celui qui veut emprunter de vous. Si vous aider les nécessiteux, vous recevrez en retour les Dons du Maître. Qui donne au pauvre, donne à Dieu.

Aimez vos ennemis, bénissez ceux qui vous maudissent, faites du bien à ceux qui vous haïssent, priez pour ceux qui vous maltraitent et qui vous persécutent car vous êtes les fils et les filles bien-aimés du Père qui veut vous corriger par Amour. Le Père l'Éternel est équanime, Il fait lever le soleil sur les méchants et sur les bons et Il fait pleuvoir sur les injustes et sur les justes. Si vous aimez seulement ceux qui vous aiment, quelle récompense méritez-vous ? Et si vous saluez seulement vos frères, que faites-vous d'extraordinaire ? Soyez donc équanimes, voyez tout d'un œil égal comme votre Père divin. Soyez donc parfait en Le laissant faire, car tout ce que fait Dieu est parfait, fait par Lui. Tout ce que font les hommes est imparfait.

Un homme s'avança et lui dit :
- Tes paroles sont difficiles à comprendre, comment est-il possible d'aimer celui qui me veut du mal et qui n'arrête pas de me persécuter ?
- Oui, oui, je sais, c'est difficile à comprendre, mais le mal n'est là que pour comprendre le bien. Celui qui comprendra cela sera libéré des épreuves envoyées par le grand Maître. Tous les événements ont un sens superficiel et un sens profond. Ne restez pas à la surface, approfondissez et cherchez à comprendre ce qui vous arrive. Méditez cela, d'autant plus que le mal s'arrête une fois que l'on en comprend le sens profond.

Après un long silence, il se tourna vers la foule attentive en disant :
- Ne montrez pas votre justesse aux hommes pour paraître justes et être vus sinon vous n'aurez pas de Récompenses de votre Père divin.
Quand vous faites des prières, que personne ne le voit, ni ceux qui sont à votre main droite, ni ceux qui sont à votre main gauche afin que vos prières se fassent en secret. Car Dieu qui voit dans le secret de l'âme et dans l'invisible, vous récompensera.

Lorsque vous voulez prier, ne soyez pas comme les hypocrites qui aiment prier debout dans les temples pour être vus des hommes. Ils ont leur récompense, le plaisir de l'orgueil. Mais quand vous voulez prier, entrez dans votre chambre, fermez la porte et priez Dieu, votre Enseigneur qui est là en vous dans le lieu secret de votre âme. Dieu, le Père qui est là et qui voit dans le secret, vous le rendra.

L'épouse de Jacques, Léa, une belle jeune femme se leva et l'interrompit : Comment est-il possible que Dieu soit là avec moi dans le secret de ma chambre alors que j'y suis seule ?
Jésus lui sourit :
- Oui, l'Éternel est l'Esprit qui est partout, sur et dans tout ce qui vit et tout ce qui ne vit pas apparemment, Il est en toi et avec toi, n'en sois pas étonnée. Dieu n'est pas un fantôme mais l'Esprit supérieur qui dirige et organise toutes les vies. Il est là auprès de toi aussi vrai que tu as un voisin à coté de toi. Tu n'as qu'à regarder, et Il se révélera à toi en temps voulu. Dieu est infiniment plus grand que tout ce que nous pouvons imaginer. Notre cerveau est trop petit pour Le concevoir.

Regarde, cherche, il n'y a qu'à voir.

En se tournant vers la foule, il poursuivit :
- Pour prier ne multipliez pas de vaines paroles comme les ignorants qui à force de nombreuses prières, s'illusionnent en pensant qu'ils seront sauvés de leur ignorance. Ne faites pas comme eux, Dieu sait de quoi vous avez besoin avant que vous ne le Lui demandiez.

Quand vous priez, priez ainsi :

« Éternel mon Dieu,
que ton Nom soit glorifié
que ton Règne vienne sur moi,
que toujours je fasse selon ta Volonté.
Donne-moi aujourd'hui ton Enseignement
comme Tu me donnes aussi le pain de ce jour.
Pardonne-moi mes erreurs
comme je pardonne aussi à ceux qui font des erreurs
et ne me soumets pas aux épreuves dues à mon ignorance mais
délivre-moi du mal de mon ego car c'est à Toi qu'appartiennent
le Règne, la Puissance et la Gloire, éternellement. »

Essayez de prier ainsi tous les jours et vous aurez bientôt les mérites d'un bon étudiant à l'École du Maître, l'Éternel.

Si vous pardonnez aux hommes leurs erreurs, votre Maître vous pardonnera aussi, mais si vous ne pardonnez pas aux hommes leurs erreurs, votre Maître ne vous pardonnera pas non plus vos erreurs.

Et puis quand vous jeûnez, ne montrez pas une face triste comme les hypocrites qui présentent une face défaite pour montrer aux hommes qu'ils jeûnent, pour recevoir leurs récompenses, estime et admiration. Mais quand vous jeûnez, parfumez votre tête et lavez votre visage pour ne pas montrer aux hommes votre jeûne mais seulement à votre Père l'Esprit qui est là avec vous dans le secret invisible. Et Il vous le rendra.

N'amassez pas de trésors matériels sur la terre là où les vers et la rouille détruisent, et où les voleurs percent et dérobent. Amassez plutôt les trésors de la Connaissance de la Science divine que les vers et la rouille ne peuvent détruire et que les voleurs ne peuvent percer ni dérober.
Là où est votre trésor, là est votre cœur.

L'œil de votre corps est la lampe qui vous éclaire, la source de votre connaissance. Si votre manière de voir est juste, vous serez bien éclairés par le Savoir, mais si votre manière de voir est fausse vous serez mal éclairés, vous serez dans les ténèbres de l'ignorance. Si votre lumière est comme les ténèbres de l'ignorance, grandes seront ces ténèbres. La Connaissance de la Science de Dieu éclaire votre vie comme une lampe dans la nuit. L'ignorance de cette Science supérieure est synonyme des ténèbres.

Ne cherchez pas à paraître justes devant les hommes, Dieu connaît vos cœurs. Ce qui est élevé pour les hommes est une abomination pour Dieu.

Vous ne pouvez pas servir le Maître et vous-même, votre ego parce que vous ne pouvez pas servir deux maîtres à la fois. Car ou vous haïrez l'un et aimerez l'autre ou vous vous attacherez à l'un et vous mépriserez l'autre.

Jésus s'arrêta un long moment pour regarder profondément dans les yeux de ses auditeurs fascinés. Il sourit à Myriam d'une manière presque imperceptible.

Il poursuivit, visiblement très inspiré :
- Ne vous inquiétez pas pour votre vie, ni pour votre nourriture, ni pour vos vêtements. La vie est bien plus que la nourriture, le corps et les vêtements. Regardez les oiseaux du ciel, ils ne sèment pas, ni ne moissonnent, ils n'engrangent rien

dans les greniers et le Bon Dieu par son Esprit les nourrit tous. Et vous, vous êtes beaucoup plus précieux qu'eux ! Par vos inquiétudes, vous n'ajouterez pas un seul jour à la durée de votre vie. Mes amis, ne vous inquiétez donc pas ! Ne vous inquiétez pas pour vos vêtements, regardez les lys des champs comme ils grandissent sans efforts et sans filer. Même les rois dans toutes leurs grandeurs n'étaient pas vêtus comme eux.

Si Dieu le Créateur habille ainsi les fleurs des champs qui existent aujourd'hui et qui disparaîtront demain, Il vous vêtira bien mieux qu'eux. Ne vous inquiétez pas et ne demandez pas : que mangerons-nous ? Que boirons-nous ? Qu'en sera-t-il de nos vêtements ? Toutes ces choses matérielles sont recherchées par les ignorants. Votre Père sait que vous avez besoin de tout cela !

Cherchez avant tout cela le Monde suprême de son Esprit et toutes ces choses vous seront données par surcroît, en Récompenses de votre recherche, par Dons. Ne vous inquiétez pas pour demain car votre Père pourvoira pour demain. A chaque jour suffit sa peine.

Ne jugez personne pour que personne ne vous juge car les hommes vous jugent comme vous les jugez. Ils vous mesurent comme vous les mesurez. Pourquoi voulez-vous changer la manière de voir de votre frère et pourquoi ne voyez-vous pas que votre manière de voir est fausse ? Ou comment pouvez-vous dire à votre prochain : « Laisse-moi changer ta manière de voir ! », vous qui ne voyez pas juste, à l'image d'une poutre dans votre œil et d'une brindille dans l'œil de votre prochain. Ne soyez donc pas des hypocrites, changez d'abord votre manière de voir pleine d'erreurs et alors vous verrez comment faire pour changer la manière de voir de votre prochain.

Pour les plus avancés d'entre vous, ne donnez pas la Science divine aux ignorants et ne jetez pas le trésor de votre connaissance de Dieu devant les inconscients, de peur qu'ils ne soient troublés, qu'ils ne se retournent contre vous et ne vous détruisent.

Demandez à Dieu de vous enseigner sa Science secrète et Il vous L'enseignera ! Devenez de très bons élèves.

Cherchez l'Esprit partout et vous Le trouverez partout, frappez fort à la Porte de son Monde invisible et Il vous ouvrira, à l'image d'un fils qui frappe fort à la porte de son père terrestre et qui lui ouvrira.

Car celui qui demande son Enseignement le recevra, sans aucun doute, celui qui cherche Dieu Le trouvera car Dieu ouvre son Monde réservé à celui qui frappe à sa Porte.

Un père donne-t-il une pierre à son fils s'il lui demande du pain ? Un père donne-t-il un serpent à sa fille si elle lui demande un poisson ? Si donc ignorants comme vous l'êtes, vous donnez de bonnes choses à vos enfants, ne savez-vous pas que Dieu, le Père de tous ses enfants terrestres donnera de bonnes choses par son Esprit à ceux qui les Lui demandent ?

Tout ce que vous voulez que Dieu fasse pour vous, demandez-le Lui, c'est une Loi de son Monde, un Principe bien connu des prophètes et des sages. Mes amis, sans demander à Dieu, vous n'avez aucune chance de recevoir quelque chose de Lui. Il suffit de devenir suffisamment humble pour reconnaître sa Suprématie en tout et Il viendra vers vous.

Le Monde de Dieu ne vient pas de manière à frapper les regards. Personne ne peut dire « Il est ici ou Il est là ». Non, son Monde est au milieu de vous, Il est auprès de vous et en vous.

Entrez dans son Monde supérieur par la petite porte de l'humilité car large est la porte de l'égoïsme par rapport à Dieu, grand est le chemin de l'orgueil qui mène à la perte de son Monde merveilleux et ils sont très nombreux ceux qui vont par là.

Mais petite est la porte, étroit est le chemin qui mène à la Vie selon sa Volonté et ils sont très peu nombreux ceux qui La trouvent.

Méfiez-vous des faux prophètes qui viennent à vous en parures de brebis et qui sont à l'intérieur des loups ravisseurs. C'est à leurs fruits que vous les reconnaîtrez, à l'image d'un homme qui ne peut pas cueillir de bons raisins sur des ronces ou des figues sur des chardons. Un homme bon donne de bonnes paroles et de bonnes actions et un homme mauvais donne de mauvaises paroles et des mauvaises actions à l'image d'un bon arbre qui porte de bons fruits et d'un mauvais arbre qui porte de mauvais fruits. Tout homme qui ne donne pas de bons fruits par ses paroles et ses actions, est dans la colère de Dieu à l'image d'un arbre qui ne porte pas de bons fruits, qui est coupé et jeté au feu. C'est donc aux fruits que l'on reconnaît la valeur d'un homme et d'un arbre.

Ceux qui disent à Dieu, « Maître, Maître ! » et qui ne font pas sa Volonté n'entreront pas dans la Connaissance de son Monde mais celui-là seul qui obéit à sa Volonté. Quiconque entend sa Parole et qui La met en pratique est semblable à un homme sage qui a bâti sa maison sur une bonne fondation. La pluie, les torrents, le vent viennent contre cette maison et elle ne tombe pas parce qu'elle est fondée sur Dieu. Mais celui qui entend la Parole de Dieu et qui ne met pas en pratique sa Volonté est semblable à un homme insensé qui a bâti sa maison sur du sable. La pluie tombe, les torrents viennent, le vent souffle et battent cette maison, elle tombe et sa ruine est grande parce qu'elle n'est pas fondée sur Dieu.

    Le soleil commença sa lente descente sous l'horizon et le ciel s'enflamma d'un rouge vif. Il avait fini de parler pour aujourd'hui. Quelques auditeurs émus s'approchèrent timidement pour le remercier et pour le regarder de près.
    Et Myriam le prit par le bras pour l'emmener chez une amie dans le village tout proche.

4

L'enseignement

Le lendemain, ils passèrent devant un lépreux qui mendiait et qui criait au secours, Rebecca lui donna la pièce et demanda à Jésus :
- Qu'en est-il de cet homme malade, pourquoi est-il à ce point éprouvé par la maladie ?
- Cet homme malade de sa peau est en profondeur malade de son âme, il a trop de pensées impures. Alors comme il y a trop plein, elles sortent sous forme de maladies de la peau. C'est vraiment très mal dit. Avec l'Aide de Dieu, le grand Médecin des âmes, s'il purifiait son âme, sa peau serait aussi purifiée. Il n'y aurait plus division entre son intérieur et l'extérieur. Les maladies, les paralysies, les infirmités sont le mal de l'âme. Dieu rassemble ceux qui se purifient autour de sa table dans le Monde de son Esprit, tant en Occident qu'en Orient. Les hommes impurs seront laissés loin de son Monde merveilleux et ils resteront dans les ténèbres de l'ignorance, là où il y a des pleurs et des grincements de dents.

Au final, ce sont les mauvaises pensées de l'homme qui lui gâchent la vie, mais fort heureusement, Dieu le Bon Père a le pouvoir de pardonner les péchés, les erreurs des malades. De même, Lui seul peut guérir et sauver les hommes purifiés. Lui seul peut dire au paralytique, « Va lève-toi et marche ! ». Aucun homme, si instruit soit-il ne peut faire ce genre de guérison. Dieu prend plaisir à sa Miséricorde, Il appelle les justes motivés mais Il n'appelle jamais les pécheurs orgueilleux. Chacun reçoit selon sa foi, sa confiance et son espérance en Lui. Il n'y a que la foi en Dieu, le Médecin suprême qui puisse sauver les malades.

Dans l'après-midi, Jésus, Myriam et leurs nouveaux amis montèrent dans une barque pour traverser la mer de Galilée. Un auditeur de la veille s'approcha pour demander au messager :
- Permets-moi de te suivre partout où tu iras !
- Mon ami, les renards ont des tanières et les oiseaux du ciel ont des nids, mais les hommes n'ont pas de lieu où reposer leurs têtes tant qu'ils ne se reposent pas dans le Monde fait par Dieu. Les humains aussi doivent habiter dans la Maison du Père l'Éternel. La vie que je mène est difficile, elle n'est vraiment pas faite pour toi, le mieux est que tu retournes auprès de ta famille et que tu fasses tes expériences. Tu as entendu ce qu'il faut faire pour mériter Dieu. Cherche l'Esprit et tu Le trouveras. Plus tard, tu pourras aussi vivre au jour le jour selon l'Ordre de la Providence. Adieu, l'ami.

Pierre, resté sur la berge avec sa gracieuse épouse Rachel, annonça :
- Nous ne venons pas avec vous, mon père vient de décéder, il faut que je prépare ses funérailles.
- Pierre, dit Jésus, je comprends ta peine, mais venez quand même avec nous, laissez donc les morts au Monde de Dieu ensevelir leurs morts. Pierre et Rachel, venez vivre avec nous selon sa Volonté vivante. Nous vous montrerons comment discerner le Monde divin du monde des illusions organisé par les hommes.

Et Pierre et Rachel montèrent dans la barque.

Alors que le groupe naviguait toute voile dehors, soudain, en l'espace de quelques instants, venant de nulle part un orage éclata. Un vent violent fit tanguer la frêle embarcation. C'était l'heure de la sieste, Jésus et quelques compagnons s'étaient endormis. Jean et Jacques les craintifs le réveillèrent.

- Réveille-toi Jésus ! Nous périssons, nous sommes assaillis par la peur, aide-nous !

- Ne craignez rien, dit calmement Jésus, ce n'est qu'un orage, il y en a souvent ici, il va passer aussi vite qu'il est venu. Pourquoi avez-vous peur, mes amis de peu de foi. ? Il n'y a rien à craindre, celui qui vit avec Dieu, le Maître de tous les éléments ne se laisse pas facilement troubler. Dieu seul suffit, Il est partout avec nous, sur et dans tout.

Après une dernière bourrasque, le vent se calma, les vagues diminuèrent et après quelques instants qui paraissaient une éternité aux peureux, les nuages s'éloignèrent pour laisser la place au soleil bienfaisant.

Jésus en profita pour ajouter :

- Comprenez donc que les orages sont comme les tempêtes de la vie humaine, les tourments, les épreuves nécessaires pour évoluer vers une absolue confiance en la vie. Ce sont des exercices pour nous apprendre que la peur n'est en fin de compte qu'une illusion et que celui qui se confie en Dieu le tout puissant Maître n'a vraiment pas à s'inquiéter. D'ailleurs à ce propos, seul celui qui s'abandonne totalement à Dieu peut vérifier qu'il n'a plus aucune crainte. Tant que vous avez encore des doutes et des peurs, c'est l'indication de votre inaccomplissement.

Après la traversée de la mer de Galilée, la petite communauté arriva à Gadara en Décapole. Il y avait là deux démoniaques. Jésus déclara à la foule présente :
- Les maladies sont comme des démons dans le corps humain. Certains sont très furieux. Ces démons sont comme placés entre l'homme et Dieu. Pour en être libérés, les malades doivent prier Dieu pour qu'Il les chassent hors d'eux-mêmes et les précipiter dans la mer. Les gens de Gadara n'étaient pas très accueillants, alors ils retournèrent à Magdala, la ville de Myriam et de Rebecca.

5

Magdala

En cours de route, Jésus expliqua à ses amis, que le manque de foi en Dieu est une grande erreur qui peut provoquer des paralysies, des fièvres et toutes sortes d'infirmités :
- Fort heureusement, la solution existe ! L'Éternel est Le seul qui a le pouvoir de pardonner les erreurs des hommes.

Ils rencontrèrent un homme assis à un lieu de péage des impôts comme il en existe de nombreux dans le pays. Jésus reconnu Matthieu :
- Ah ! te voilà, je suis heureux de te voir ! Si tu veux maintenant, tu peux venir avec nous et arrêter ton travail de mercenaire. Avec ta jeune femme, venez voir le Monde fait par notre Père, notre divin Maître. Je peux te promettre que vous serez émerveillés. Matthieu courut alors chez lui dans sa maison pour y chercher son épouse et se joindre au groupe.

En parcourant la campagne environnante, les amis de Jésus se rassemblèrent autour de lui pour écouter son enseignement. Il savait maintenant qu'ils étaient capables de le comprendre. Ils étaient douze, six hommes avec leurs épouses.

Il leur dévoila :
- Ceux qui se portent bien n'ont pas besoin de médecin. Tant qu'ils sont en bonne santé, ils ne se posent pas de questions.

Ceux qui sont malades dans leurs corps sont malades dans leur âme. Ceux-là vont se poser des questions et chercher à comprendre la raison et le sens de leurs problèmes. Alors ils ont une chance d'apprendre que Dieu prend plaisir à leur faire Miséricorde car Dieu n'appelle jamais ceux qui se croient justes, les orgueilleux mais Il répond à l'appel au secours de ceux qui reconnaissent leurs erreurs.

Tant que tout va bien, les hommes ne s'affligent de rien, ils croient, dans leur ignorance et leurs illusions, que Dieu leur est favorable. Mais il arrivera des jours où les problèmes surgiront, ils croiront que Dieu les a quitté et alors ils jeûneront au monde de l'ignorance comme on jeûne aux aliments. Il faudra qu'ils fassent retour à Lui en purifiant leurs âmes. Sans cette purification, l'homme est comme un vieil habit sur lequel on met une pièce de drap neuf, la déchirure serait pire. L'homme doit retrouver une âme neuve purifiée de toutes les souillures sinon il est à l'image d'une veille outre dans laquelle on verse du vin nouveau, l'outre se rompt, le vin se répand et l'outre est perdue, le vin aussi. Non ce qu'il faut, c'est acquérir la connaissance du Monde divin en dépassant la connaissance du monde humain, comme on met le vin nouveau dans une outre neuve, et le vin et l'outre se conservent.

Nous sommes tous des aveugles, nous regardons le monde mais nous ne voyons rien du Monde divin. Celui qui criera « Aie pitié de moi ! » au Maître l'Éternel peut espérer être guérit de son aveuglement. Seule la foi peut faire ouvrir les yeux. Dieu guérit les hommes de l'ignorance de son Monde.

Myriam, se leva d'un bond et prit librement la parole :
- C'est incroyable comme les gens de cette génération sont abattus et languissants, ils ont l'air tellement égarés et malheureux. A croire qu'ils ont perdu le sens de la vie et qu'ils

ne connaissent plus rien du Monde extraordinaire de notre Père.

Ne faut-il pas tout rectifier ? Ne faut-il pas que Dieu envoie de nombreux prophètes pour leur annoncer la bonne nouvelle de sa Providence afin que tous ces malheureux retrouvent la joie de vivre ? Si nous ne transmettons pas ce que nous avons vu et entendu, qui le fera ? Ce qui n'est pas donné est perdu irrémédiablement. Nous n'avons rien à forcer, l'Esprit est avec nous, Il fera au mieux si nous Le laissons faire. Moi, j'ai confiance, je sais qu'Il agira en temps voulu et ce temps-là est peut être maintenant.

Jésus lui sourit et dit :
- Oui, nous irons vers tous ceux qui sont capables d'accueillir les Signes de Dieu. Nous leur dirons que son Monde est proche et qu'Il est Le seul qui puisse les enseigner et les sauver de leur ignorance. Oui, Dieu peut les inviter dans son Monde invisible mais il faut qu'ils apprennent à se purifier et à chasser de leur âme, l'ego, ce diable infernal.

Nous n'irons pas vers les mondains ignorants, mais vers ceux qui sont dignes de recevoir les Signes de l'Esprit. Offrons-leur la paix du Monde supérieur où tout est beau et parfaitement en Ordre.

Nous avons reçu gratuitement, alors donnons gratuitement. Ne vous inquiétez pas, si nous œuvrons pour l'Éternel, Il nous donnera notre récompense.

Comprenez-moi bien mes amis, nous sommes comme des brebis au milieu des loups. Prudence donc, soyons vigilants comme des hommes avertis, et simples comme des colombes. Restons sur nos gardes, les hommes forts et orgueilleux ne nous feront pas de cadeau. Ils ne supporterons pas de devoir se remettre en question car ils sont persuadés qu'ils détiennent la vérité et qu'ils ont raison. Si nous sommes livrés au tribunal, ce ne seront que des tribulations, ce n'est pas nous qui parlerons mais l'Esprit du Maître qui viendra en nous et qui parlera à notre place.

Il n'y a donc rien à craindre si les hommes nous haïssent, nous tous à cause de notre certitude en l'Éternel. Ces tribulations sont indispensables pour connaître son Monde inconnu, pour discerner son Monde vivant du monde mort des ignorants. Il est certain que si nous persévérons jusqu'à la fin, nous recevrons le Salut divin. Et si nous sommes persécutés dans une ville, nous nous enfuirons dans une autre. Je vous assure que nous n'aurons pas achevé de parcourir les villes aux alentours que Dieu se manifestera à nous tous.

Attention à l'orgueil, nous les élèves du grand Maître, nous ne sommes pas plus grand que Lui, à l'image d'un élève qui n'est pas plus grand que son professeur ou à l'image du serviteur qui n'est pas plus grand que son maître. L'élève sera traité comme son professeur et le serviteur sera traité comme son maître par Dieu.

Ne craignez rien, ce qui vous est actuellement caché, vous le découvrirez en temps voulu, ce qui vous est encore inconnu, vous l'apprendrez et ce qui est encore secret pour vous, vous sera révélé. Ce que je vous dis maintenant en confidences, mes amis, vous pourrez le dire aux personnes de confiance que vous rencontrerez et qui vous écouteront. Dites-leur ce que vous avez compris, et ce que je vous dis à l'oreille, prêchez-le à ceux qui sont capables de comprendre.

N'ayez peur de personnes, les hommes ne peuvent tuer que le corps, mais l'âme est éternelle et personne ne peut l'anéantir. Craignez seulement le Maître des âmes, Celui qui jugent les âmes et qui seul peut les condamner. Soyez certains des Signes de la Volonté divine, tout arrivera selon ses Désirs.

Quiconque se repentira devant l'Éternel, sera récompensé par Lui, mais celui qui ne se confessera pas devant Lui sera renié par Lui.

Ne croyez pas que la recherche de l'Esprit apporte la paix dans votre vie, mais elle apportera la division en vous, par le discernement de votre ego, à l'image de la division entre le fils et son père, ou entre la fille et sa mère. L'homme aura pour adversaire son ego, le diable en lui-même.

Celui ou celle qui aime son père ou sa mère plus que le Père divin, n'est pas digne de Lui et celui ou celle qui aime son fils ou sa fille plus que Dieu n'est pas digne de Lui.

Rachel, l'épouse de Pierre était stupéfaite, elle s'exclama :
- Tu dis qu'il faut aimer Dieu plus que nos enfants ? Je suis enceinte et je porte mon enfant, la chair de ma chair, je le sens déjà vivre en moi, je ne peux pas adhérer à tes paroles, cet enfant est tout pour moi !

Jésus répond tranquillement :
- Rachel, si tu aimes Dieu le Père en premier, avant tout, tu aimeras ton enfant pour Lui et tu verras que tout ira pour le mieux. C'est une question de priorité et non pas une question d'amour. L'amour est infini, l'amour que tu portes à Dieu est plus important car éternel. Aime donc ton enfant pour Dieu, élève-le à Lui et tu verras qu'Il t'aidera toujours.

Rebecca, la femme de Jean se leva d'un bond et s'exclama :
- Les enfants rois sont toujours malheureux et rendent les parents et les autres, malheureux. Comprends-tu, Rachel ?
- Oui, j'ai bien compris, ce n'est pas un partage, ni une exclusivité, mais une priorité à l'essentiel. Parfait ! À partir de

maintenant, j'aimerai mon Maître Dieu avant tout et mes enfants pour Lui car mes enfants sont aussi les enfants de notre bon Père divin.
- C'est tout à fait cela, j'adore Dieu et j'aime mon mari, mes enfants, mes amis.

Jésus poursuivit :
- Si vous ne prenez pas votre croix et si vous ne suivez pas les Signes de Dieu, vous n'êtes pas dignes de Lui.

Si vous voulez conserver votre vie d'égoïste sans Dieu, vous la perdrez mais si vous l'abandonnez, Il vous donnera la Vie faite par Lui.

Si vous Le recevez, Il vous recevra. Un prophète recevra de Dieu une récompense de prophète, un juste recevra une récompense de juste. Et si vous offrez seulement un verre d'eau à Dieu, ou une feuille ou une fleur, vous ne perdez pas votre récompense.

Après un long silence, Rebecca entonna tranquillement un psaume de sa voix pure et claire.

Les voix montèrent joyeusement dans le ciel sans nuages et la soirée se termina en prières et en chants.

6

Le Monde de l'Esprit

Jésus le messager rencontra des amis de Jean le baptiseur qui avait été arrêté et mis en prison.
- Vous pouvez rapporter à Jean que le Monde de Dieu est proche, ce Monde invisible où les ignorants comprennent Dieu, où les aveugles Le voient, où les boiteux marchent, où les lépreux sont purifiés, où les sourds entendent, où les morts à Dieu ressuscitent à Lui. Oui, la bonne nouvelle est transmise aux pauvres en Science divine.
 Heureux ceux qui ne restent pas dans l'ignorance de cette Science.

 Puis une foule vint se rassembler autour de Jésus et un jeune homme lui demanda de parler des prophètes.
- Que cherchez-vous donc dans le monde matériel et humain ? Un mirage, une illusion, un roseau agité par le vent ? Les mondains ignorants de Dieu sont vêtus d'habits précieux. Que cherchez-vous ? Un prophète ? Cherchez plus qu'un prophète, cherchez Dieu le Maître et son Enseignement, et vous Le trouverez. Interrogez-Le et Il vous instruira.
 Les prophètes préparent le chemin vers le Maître. Ils répètent ce qu'ils ont appris de Lui, partout sur la terre. Le Monde divin doit être forcé par votre bonne volonté et ceux qui

se font violence y sont admis. Tous les vrais prophètes disent la même chose. Que celui qui peut comprendre, comprenne.

A qui peut-on comparer cette génération ? Elle ressemble à des enfants assis sur les bancs des places publiques qui n'entendent pas Dieu le Maître jouer une merveilleuse Musique et qui ne voient pas son grand Jeu extraordinaire. Personne ne se lève pour danser et pour jouer avec Lui.

Pour comprendre la repentance, les prophètes chantent des complaintes. Il n'y a personne qui se lamente sur son sort et qui revient à Dieu. Vous dites que les prophètes ont un démon et qu'ils fréquentent des gens de mauvaise vie parce que vous ne comprenez pas leurs paroles.

Mais regardez un peu mieux et vous verrez que la Sagesse de Dieu se justifie toujours par ses Œuvres. Mais comment revenir à Dieu et à son Enseignement ? Venez à Dieu le Père, vous tous qui êtes fatigués et chargés du lourd fardeau de la vie et Il vous donnera du repos.

Choisissez Dieu comme Maître, comme Enseigneur, apprenez de Lui ses Instructions car Il est bon et miséricordieux et vous trouverez le repos pour vos âmes. Son Enseignement est facile à comprendre et ses Instructions simples à suivre.

Comme tous les soirs, Jésus et Myriam firent leur dernière prière avant le grand silence de la nuit :
- Nous Te louons Père, Maître du ciel et de la terre, de ce que Tu caches ta Science aux mondains qui se croient sages et intelligents et nous Te remercions que Tu La révèles à tes fidèles amis.

Oui Père, nous Te louons que Tu le veuilles ainsi. Toute ta Science est donnée par Toi le Maître et personne ne connaît tes amis si ce n'est Toi. Nous ne pouvons pas Te connaître si Tu ne te révèles pas à nous car Toi seul donne ton Enseignement.

7

Compréhension

- Nous choisissons nos amis comme Dieu choisit les siens, exposa Jésus sur la place du temple. Ses bien-aimés font plaisir à Dieu et Il met son Esprit sur eux. On ne les entendra pas crier dans la rue car ils savent que Dieu fera triompher sa Justice. Ils espèrent tous en Lui. Mais tout homme divisé en lui-même sera dévasté à l'image d'une famille divisée dans une maison qui ne pourra pas subsister.

Si l'ego, ce démon en vous, chasse Dieu, l'homme est divisé en lui-même. Comment cet homme pourrait-il subsister ? Par contre si Dieu chasse le démon en vous-même, alors Dieu est venu en vous.

Celui qui n'est pas avec l'Éternel est contre Lui et celui qui n'est pas rassemblé avec Lui est dispersé.

Faites attention, toute erreur et tout blasphème vous seront pardonnés, mais si vous blasphémez contre l'Esprit, vous ne serez pas pardonnés facilement.

Vous pouvez aisément vérifier que si l'homme est bon, ses fruits aussi seront bons, mais si l'homme est mauvais, ses fruits seront mauvais. Vous connaîtrez facilement l'homme à ses paroles et à ses actes. Il y a beaucoup d'hommes méchants qui ne peuvent pas dire de bonnes paroles, car c'est de l'abondance que la bouche parle.

Si vous êtes bons, vous tirerez de très bonnes choses de votre bon trésor, de votre cœur, mais si vous êtes méchants, vous tirerez de mauvaises choses de votre mauvais trésor, de votre mauvais cœur.

Dieu vous juge chaque jour, d'heure en heure, vous rendrez compte de toutes les paroles que vous prononcez, car c'est par vos paroles que vous êtes justifiés et c'est par vos paroles que vous êtes condamnés.

Le petit groupe se rassembla dans la maison de Thomas et Eva. Thomas en s'approchant de Jésus, l'interpella :

- Tes frères et tes sœurs sont dehors et ils voudraient te parler.

Jésus se tourna vers ses amis et demanda :

- Qui sont mes frères et mes sœurs ? Il fit un signe de la main droite et dit : Vous êtes mes frères et mes sœurs car vous faites la Volonté de notre Père, le Maître du ciel et de la terre.

En réalité, les étrangers sont ceux qui sont étrangers à l'étrange Monde divin. Ce sont les infidèles à Dieu, les ignorants.

Rares sont ceux qui connaissent le grand Maître, sa Science merveilleuse et son Règne invisible.

Personne ne peut Le voir s'il n'a pas compris !

8

A l'image de...

Quelques jours plus tard, Jésus reprit :
- Soyez heureux, mes amis, parce qu'il vous est donné de comprendre les Mystères du Monde divin qui sont cachés aux yeux des mondains ignorants. Dieu vous donne son Enseignement et vous serez dans l'abondance de la compréhension. Mais à l'ignorant, Dieu enlèvera même le peu qu'il a compris. L'ignorant regarde mais il ne voit rien, il entend mais ne comprend rien.

Regardez le peuple, ce sont des mondains infidèles à Dieu, leur cœur est devenu insensible, ils ont endurci leurs oreilles, ils ont fermé leurs yeux de peur qu'ils ne voient Dieu de leurs yeux, de peur qu'ils L'entendent de leurs oreilles, de peur qu'ils comprennent leurs erreurs, qu'ils se convertissent à Dieu et qu'Il les guérisse.

Mais heureux êtes-vous parce que vos yeux voient le Père l'Éternel et que vos oreilles entendent les Paroles qu'Il vous dit. Il y a beaucoup de prétendants et d'incapables qui désirent voir ce que vous voyez et entendez de Dieu.

Écoutez, lorsqu'un homme entend la Parole que le Père lui dit et qu'il ne La comprend pas, la Parole entendue est comme une semence jetée dans les pierres. Elle ne peut pas prendre racine. Lorsqu'un homme La comprend mais ne L'applique pas, la Parole divine est comme une semence qui ne fructifie pas. Les soucis du monde matériel et la séduction des richesses mondaines La rendent infructueuse. Mais l'homme qui reçoit la Parole de Dieu le Père et qui L'applique fructifie comme une semence semée dans une bonne terre.

Dieu sème sa bonne Parole dans le monde comme un laboureur sème le grain dans un champs. Les hommes qui La reçoivent fructifient. Ceux qui ne La reçoivent pas sont des infidèles qui ne fructifient pas. Dieu juge les hommes, les injustes sont punis et il y a des pleurs et des grincements de dents. Mais les justes fidèles à Dieu sont heureux dans son Monde.

Son Monde magique se révèle lentement et progressivement comme une croissance continuelle à l'image d'une pâte à pain qui lève grâce à un peu de levain.

L'Éternel le Père ouvre sa Bouche et vous révèle les choses cachées de son Monde merveilleux à l'image d'un trésor caché dans un champs. L'homme qui trouve ce trésor le cache. Dans sa joie, il va vendre tout ce qu'il a et il achète le champs avec le trésor.

Le Monde extraordinaire de Dieu est encore semblable à une perle de grand prix. L'homme qui la trouve vend tout ce qu'il possède et l'achète.

Son Monde est réservé aux justes et interdit aux injustes. Dieu le Maître les sépare, invite les bons et rejette les mauvais à l'image d'un pêcheur qui sépare les bons poissons des mauvais poissons pris dans son filet.

- Avez-vous compris toutes ces choses ? C'est pourquoi tout homme instruit du Monde divin recevra le Trésor de Dieu fait de choses nouvelles et de choses anciennes.

Ce que nous transmettons aux hommes peut leur déplaire, surtout s'ils nous connaissent. Un prophète n'est méprisé que dans sa patrie. Mais peu importe s'ils comprennent ou non, l'essentiel est de le dire et de remplir notre mission car la Sagesse de Dieu crie dans le monde et personne ne La voit, ni L'entend.

9

Prospérité

Voyant ses amis assoiffés de vérité et les regardant les uns après les autres chaleureusement, Jésus enchaîna :
- Regardez et comprenez l'hypocrisie des gens du monde. Ils honorent Dieu, l'Esprit, des lèvres, mais leur cœur est éloigné de Lui. C'est en vain qu'ils L'honorent car ils suivent l'enseignement des préceptes qui ne sont que des commandements d'hommes. Tout homme qui n'a pas Dieu comme Maître ne peut pas prospérer à l'image d'une plante qui n'a pas de racine. Il faut les laisser à eux-mêmes. Les aveugles conduits par des aveugles tomberont tous dans une fosse.

Ce qui souille l'homme, c'est ce qui sort de sa bouche, ce qui entre dans sa bouche ne peut pas le souiller car cela va dans le ventre pour être rejeté. Ce qui sort de sa bouche vient de son cœur et c'est ce qui le souille, ce sont ses mauvaises pensées, les meurtres, les adultères, les impudicités, les vols, les faux témoignages, les calomnies.

10

Les Signes de Dieu

Le lendemain, quelques personnes abordèrent Jésus pour lui demander de leur faire voir un Signe de Dieu.

- Le soir, vous dites qu'il fera beau demain, leur répliqua-t-il, car le ciel est rouge et le matin vous dites qu'il y aura de l'orage aujourd'hui car le ciel est rouge sombre. Vous savez ainsi discerner l'aspect du ciel mais vous ne savez pas discerner les Signes divins. À cette génération méchante et infidèle à l'Éternel, il ne lui sera pas donné de voir un Signe de Dieu.

Seuls ceux qui méritent une telle faveur verront de leurs propres yeux la Volonté de Dieu se déployer pour eux.

Gardez-vous avec soin de l'hypocrisie des mondains ignorants et curieux conclu-t-il en s'approchant de Matthieu et de Déborah.

11

Qui êtes-vous ?

Qui êtes-vous ? Qui pensez-vous être maintenant ? demanda Jésus à ses amis.
Jean répondit :
- Je suis peut-être comme Jean le baptiseur, en tout cas j'en ai déjà le prénom.
Ses amis rirent en se moquant un peu de Jean. Déborah, qui n'avait pas sa langue dans sa poche ajouta :
- Nous avons appris que Jean est mort en prison. Les autorités lui ont coupé la tête, alors fais attention à toi Jean !
- Je suis peut être comme Élie le prophète s'écria Jacques.
- Et moi, dit Philippe, je suis peut être comme Jérémie.
Salomé, restée un peu à l'écart s'écria :
- Peut-être que je suis une descendante de Ruth ou d'Esther ?
Après un temps d'hésitation, Pierre, songeur donna sa réponse :
- Moi, je suis un fils du Dieu vivant !
Un grand silence se répandit sur le groupe.
Jésus, visiblement heureux de la réponse, s'exclama :
- Tu es heureux Pierre, bravo, ô brave ! Ce ne sont pas la chair et le sang qui t'ont révélé cela, mais Dieu le Maître. Oui, c'est la réponse parfaite ! Oui, c'est bien cela, nous sommes les fils et les filles de l'Éternel, notre Père l'Esprit vivant.

Ceux qui font la Volonté de Dieu sont ses fils et ils vivent par Lui.

En vérité, c'est sur Dieu qu'il faut édifier le temple de notre âme et les portes du séjour des morts ne prévaudront pas contre lui. Dieu a les clés de son Monde. Ce qu'Il lie dans son Monde d'en haut sera lié sur la terre, et ce qu'Il délie dans son Monde supérieur sera délié sur la terre. Ce qui est en haut se reflète en bas et ce qui est en bas est le reflet de ce qui est en haut.

Enfin, Jésus leur recommanda sérieusement de ne pas dévoiler aux hommes qui ils étaient devenus.

12

La mort mystérieuse de l'ego

A ce niveau de compréhension, Jésus expliqua à ses amis que celui qui veut accéder au Monde majestueux de Dieu, le grand Esprit, doit accepter de souffrir la perte des illusions de son ego et renoncer à sa manière de vivre égoïstement par rapport à Dieu.

Il doit comprendre que pour passer à Dieu, il faut faire mourir l'ego, la volonté personnelle et qu'ensuite il revivra, ressuscité à la Vie dirigée par Lui, à la Vie par l'Éternel gouvernée par sa Volonté. Cette résurrection mystérieuse peut se faire en un comme en trois jours après la mort de l'ego sans perdre la vie physique.

Pierre n'ayant pas compris ce qu'il venait d'entendre le contredit :

- À Dieu n'en déplaise, mon frère, je ne veux pas mourir et je ne veux pas que tu meures ! Oh, non ! Cela ne nous arrivera pas !

Jésus, surpris rétorqua immédiatement :

- Arrière de moi, Pierre, c'est ton ego qui parle, c'est ton satan en toi qui crie ! Tu m'es en scandale, tu n'as pas compris car tes pensées ne sont pas les Pensées de Dieu mais celles des hommes ignorants. Je parle de la mort de l'ego sans perdre la vie !

Alors, il révéla à Pierre et à ses amis :

- Si l'un d'entre vous veut faire retour pour aller vers Dieu, qu'il renonce à lui-même, qu'il crucifie sa personnalité, son ego sur sa croix, et qu'il suive la Volonté de Dieu. Oui, je sais bien, c'est facile à dire et à comprendre mais difficile à réaliser et rares sont ceux qui y arrivent. Mais ne vous découragez pas, comprenez bien que si voulez sauver votre vie d'égoïste par rapport à Dieu, vous perdrez votre vie. Mais si vous Lui donnez votre vie d'égoïste, Dieu vous donnera sa Vie supérieure.

Alors Jésus regarda ses compagnons dans les yeux, réfléchit un instant puis ajouta :
- Posez-vous la question, à quoi vous servirait-il de gagner tout le monde matériel si vous perdiez votre âme ?

Ils restèrent stupéfaits, bouche bée.
- Oui, posez-vous la question, que donneriez-vous pour le rachat et le salut de votre âme ?

Jean, sûr de lui, répondit spontanément :
- Je donnerais tout ce que Dieu veut, mon ego, ma volonté personnelle, mon orgueil et tout le reste, pourvu que Dieu m'offre le Salut de mon âme. Oui, c'est exactement ce que je veux, la délivrance, la libération de mon âme déchue et vivre en harmonie avec Lui, notre Maître.
- Félicitations ! Jean, je suis heureux, tu as compris. Dieu vient dans sa Gloire et Il rend à chacun de nous selon nos œuvres.

Je vous le dis en vérité, quelques-uns d'entre vous ne mourront pas avant d'avoir vu son Règne et d'avoir vécu dans son Monde lumineux et paisible.

13

Les fils et les filles bien-aimés

Six jours plus tard, Jésus partit dans la montagne avec Pierre, Jacques et Jean son frère. Il leur expliqua :
- Les prophètes et les sages de Dieu forment une grande famille. Ils ont tous reçu le même Enseignement, la Science sacrée du Maître divin unique. Ils sont tous avec Lui, Moïse, Élie, Esaïe, Jérémie et tous les autres. Ce sont les méritants car ils furent capables de comprendre sa Science secrète.

Ils sont tous les fils et les filles bien-aimés du Père l'Éternel qui a mis son affection en eux. Lisez-les, écoutez leurs paroles et apprenez d'eux, pour devenir comme eux. Notre âme est éternelle, et d'incarnation en incarnation nous renaissons chaque fois pour nous améliorer selon la Volonté de Dieu.

Ne parlez à personne de cela car personne ne vous croira, c'est une expérience personnelle et celui qui n'expérimente pas le Monde divin, ne peut pas y croire. Nul ne peut croire s'il n'a pas vu et compris. C'est un Monde supérieur invisible organisé par l'Esprit et il faut recevoir une nouvelle manière de Voir de Dieu pour Le voir.

Les sages meurent à eux-mêmes, à leur manière de voir, alors ils ressuscitent à la Vie recréée par l'Éternel.

Les trois amis lui posèrent alors cette question : Pourquoi donc les prophètes disent-ils que Dieu doit venir premièrement ?
- Il est vrai que Dieu doit venir premièrement et rétablir toutes choses. Mais je vous déclare que Dieu le Maître absolu est déjà là, qu'Il était toujours là, que le monde ne L'a pas reconnu et qu'il L'a traité comme il a voulu, c'est à dire rejeté. De même, nous aussi, nous les fils du Père divin, nous souffrirons notre part, nous serons aussi rejetés. Pierre, Jacques et Jean comprirent alors qu'il leur parlait de lui, d'eux-mêmes mais aussi de Jean le baptiseur.

Ils se rapprochèrent d'un groupe de démoniaques, et Jésus leur dit :
- Ces personnes souffrent parce qu'elles sont incrédules et perverses. Jusqu'à quand supporteront-elles leurs souffrances ? C'est comme si elles avaient en elles-mêmes un démon qui doit sortir et mourir. Pour pouvoir chasser ce démon en elles, elles doivent retrouver une grande foi en Dieu et elles diront alors à leur démon d'aller mourir sur cette montagne que vous voyez là.

Pour faire sortir cette sorte de démon, ces personnes doivent prier Dieu le Père et jeûner au monde matériel. Alors ces personnes ne seront plus perdues dans l'ignorance et leur salut sera tout à fait possible.

Pendant qu'ils cheminaient sur la route du retour, Jésus leur annonça :
- L'ego doit être livré entre les mains de l'homme, cet homme là doit faire mourir son ego, alors après trois jours, il pourra ressusciter à la Vie nouvelle organisée par l'Éternel.

Les prophéties de Jésus de Nazareth   61

14

Capharnaüm

Ils arrivèrent à Capharnaüm, Matthieu et Déborah lui demandèrent :
- Nous avons bien compris que tous les prophètes, les morts et les autres sont tous avec Dieu l'Éternel dans son Monde, lequel d'entre eux y est donc le plus grand ?

Sur la place du village, il y avait de nombreux enfants qui jouaient. Jésus appela un enfant et le plaça au milieu d'eux, puis répondit :
- Je vous l'affirme en vérité, si vous ne redevenez pas comme cet enfant lors de votre conversion, vous n'entrerez pas dans le Monde de Dieu.

Quiconque redeviendra humble et petit par rapport à Dieu le Père comme ce petit enfant entrera dans son Monde. Il n'y a pas de plus grand ni de plus petit car les heureux invités sont tous avec le Maître de la terre et du ciel. Celui qui y est reçu comme cet enfant parmi nous, est reçu par Dieu en personne.

Si quelqu'un scandalise un de ses fils bien-aimés, il vaudrait mieux pour lui qu'il se noie dans la mer. Il subira la punition de Dieu.

Malheur aux mondains qui causent des scandales, il est nécessaire qu'il arrive des scandales, mais malheur à l'homme par qui le scandale arrive.

15

Apprendre à voir

Chaque jour, Jésus racontait à ses amis ce qu'il avait entendu et vu du Père l'Éternel. S'adressant à Jean aujourd'hui, il dit :
- Tant que tes mains et tes pieds suivront ta propre volonté, ce sera une occasion de chute et d'erreurs. De plus tu gâches la Volonté très favorable qui te dépasse, alors que si tu laissais faire Dieu, tu verrais qu'Il fait tout pour le mieux à ta place et que le gain est immense.

Pour entrer dans cette Vie organisée par l'Éternel Dieu, il faut que tu arrêtes de faire et de marcher selon ton propre vouloir.

Alors, Jean, écoute mon conseil et suis-le. Laisse-toi guider par Dieu, l'Esprit comme si tu n'avais pas de mains ni de jambes.

Ensuite, si tu ne vois pas Dieu et si tu vois faux avec tes deux yeux, apprends à voir l'Unité du Monde supérieur, oui apprends à voir au delà de la dualité, comme si tu n'avais qu'un seul œil alors tu entreras dans la Vie divine.

Ne méprisez personne car Dieu voit tout. Il est là, partout pour sauver les égarés et les ignorants car ce n'est pas la Volonté du Père qu'il se perde une seule âme.

Si ton frère est dans l'erreur, montre-lui son égarement et s'il t'écoute, tu as gagné un frère. Mais s'il refuse de t'écouter, n'insiste pas, qu'il soit alors pour toi comme un infidèle ignorant.

N'oubliez surtout pas, ce que Dieu lie dans le Monde de son Esprit est lié sur la terre dans le monde des hommes, et ce qu'Il délie par l'Esprit est délié sur la terre.

- Est-il permis de demander quelque chose à Dieu ? intervint Philippe.
- Oui bien sûr, répondit Jésus, mais il y a plus et mieux, si toi et ton épouse Salomé, vous vous accordez sur la terre pour demander quelque chose à Dieu, votre demande commune sera accordée. Pourquoi ? Parce que là où deux sont assemblés c'est-à-dire homme et femme, Dieu le Père est avec eux. C'est logique, un homme tout seul ou une femme toute seule ne peut rien faire. Il faut les deux, le masculin et le féminin, sinon c'est forcément incomplet et inaccompli. Regardez le monde, la nature fonctionne en couple, mâle et femelle, toujours et partout. Sans couple, il n'y a rien, la vie s'arrête inévitablement.

16

Pardonner

Alors Pierre s'approcha de Jésus et demanda :
- Combien de fois Dieu pardonnera-t-Il à l'homme qui péchera contre Lui ? Est-ce jusqu'à sept fois ?
- Non Pierre, non seulement jusqu'à sept fois mais un nombre incalculable de fois jusqu'à ce que l'homme s'aperçoive de ses erreurs et qu'il fasse retour à Dieu. Dieu est l'Être le plus patient qui soit puisqu'Il est éternel et qu'Il est le Maître du temps. Chaque seconde Lui appartient !

Dieu, l'Esprit suprême est comme un roi terrestre qui demande des comptes à ses serviteurs qui ont une dette envers Lui. Chaque humain, chacun de nous doit payer sa dette à Dieu jusqu'à sa dernière pensée. C'est ainsi que Dieu, le Roi absolu nous traite jusqu'à ce qu'Il nous pardonne de toute sa Miséricorde.

17

La suprématie du couple

Jésus et ses amis remarquèrent un couple qui se disputait place du marché. Un berger passant par là avec sa femme et son enfant demanda à Jésus : Est-il permis à un homme de divorcer de sa femme pour un motif quelconque ?
- Pour un motif quelconque ? Bien sûr que non ! Le Créateur de la terre et du ciel, au commencement créa l'homme et la femme. L'homme quittera sa mère et son père, et s'attachera à son épouse, la femme quittera sa mère et son père et s'attachera à son époux. Les deux deviendront une seule chair. Ainsi ils ne sont plus deux mais un, un couple qui peut espérer l'accomplissement en Dieu et la réalisation totale. Pourquoi l'homme séparerait-il ce que Dieu a joint ? La condition du mariage est idéale, c'est l'idéal de toutes les civilisations, c'est la perfection ! Pourquoi se rebeller contre le Plan homme-femme du Créateur ?
Que chacun se juge lui-même et qu'il trouve sa réponse !
Alors la jeune bergère montra son petit enfant à Jésus qui lui sourit :
- Que les couples laissent venir les enfants à eux, comme Dieu laisse revenir à Lui les humains qui sont redevenus humbles.

18

La Vie par l'Éternel

Un jeune homme habillé comme un riche marchant s'approcha de Jésus et proclama :
- Je t'ai écouté la semaine dernière et depuis je m'interroge très sérieusement. Peux-tu m'expliquer ce que je dois faire de bon pour recevoir la Vie supérieure par l'Éternel ?
- Pourquoi me questionnes-tu sur ce qui est bon ? Dieu seul est bon, si tu veux entrer dans la Vie donnée par l'Éternel, observe ses Commandements.
- Ses Commandements ? Mais lesquels ?
- Tu ne tueras pas, tu ne commettras pas d'adultère, tu ne voleras pas ton prochain, tu ne diras pas de faux témoignages, honore ton père et ta mère et aimes l'Éternel comme toi-même.
- J'ai observé toutes ces règles, que me manque-t-il encore ?
- Si tu veux être parfait, va, vends tout ton superflu, redeviens pauvre en ego, élimine tes pensées impures, recherche la Science divine et tu recevras un trésor de la part de Dieu. Puis viens avec nous pour suivre les Signes de Dieu.

Après avoir entendu ces paroles, le jeune homme s'en alla tout triste car il avait de grands biens.

Jésus en faisant un signe de désolation de ses deux mains, révéla à ses amis :

- Je vous le dis en vérité, un homme riche en biens matériels et riche d'un ego démesuré entrera difficilement dans le Monde donné par Dieu. Il est plus facile à un chameau de passer par le trou d'une aiguille qu'à un riche d'entrer dans le Monde divin.

Léa, ayant entendue cela, fut très étonnée, et demanda :
- Qui donc peut être sauvé ?
- Aux hommes cela est impossible, mais à Dieu tout est possible, répondit Jésus avec gravité. Dieu sauve les hommes et les femmes du monde matériel infernal, de leur ego et de leur ignorance en les invitant à vivre paisiblement dans son Monde merveilleux.

Rappelez-vous ce que je vous ai raconté sur le rocher il y a quelques temps déjà : Toutes les choses matérielles sont recherchées par les ignorants. Votre Père sait que vous avez besoin de tout cela ! Cherchez avant tout cela, le Monde suprême de son Esprit et toutes ces choses vous seront données par surcroît, en Récompenses de votre recherche, par Dons. Ne vous inquiétez pas pour demain car votre Père pourvoira. A chaque jour suffit sa peine.

Vous vous rappelez ? C'est la vérité du Monde de Dieu et en même temps, vous apprendrez à Le connaître pour qu'Il vous enseigne sa Science sacrée.

Léa et les autres parurent très contents d'entendre de telles paroles. Salomé était enchantée :
- Oui, bien sûr, c'est cela, nous avons toujours entendu qu'il fallait être sauvé, libéré, délivré mais personne nous a jamais dit de quoi ! Cette fois-ci j'ai compris, le Salut est un merveilleux Cadeau de notre Père l'Éternel pour ses fils et filles bien-aimés. Le Salut de Dieu ! Rendez-vous compte, mes amis ! Et dire que nous nous disons tous « Salut à toi » quand

nous nous rencontrons, comme si nous nous souhaitions le Salut de Dieu sans en être conscients !

19

Tout quitter

Thomas et Eva, prirent alors la parole :
- Voici, nous avons tout quitté pour suivre la Volonté de Dieu, qu'en sera-t-il pour nous ?
- Je vous le dis en vérité, quand Dieu, le Maître, au renouvellement de votre vie sera assis sur le trône de sa Gloire, vous qui Le suivez, vous verrez son Règne et ses Jugements.

Si vous quittez à cause de l'Éternel, votre mère, votre père, vos frères, vos sœurs et tous vos biens terrestres superflus, Il vous donnera au centuple par héritage inattendu, ce que vous avez abandonné. Si vous lâchez la vie terrestre, humaine et matérielle, vous recevrez la splendeur de la Vie donnée par l'Éternel.

Plusieurs des premiers du monde matériel sont les derniers dans le Monde supérieur de l'Esprit et plusieurs des derniers dans le monde terrestre sont les premiers dans son Monde.

Écoutez, mes amis, cette histoire, elle explique bien ce Principe divin.

Un viticulteur sortit dès le matin pour embaucher des ouvriers dans sa vigne. Ils conviennent ensemble d'un salaire fixe pour la journée et voilà qu'ils se mettent au travail. Le viticulteur embaucha encore des ouvriers à midi et en fin d'après midi, une heure avant la fin de la journée.

Le soir venu, le viticulteur appelle les ouvriers et donne à tous, le même salaire en payant les derniers venus en premier. Ceux qui ont travaillé dur depuis le matin reçoivent autant que ceux qui n'ont travaillé qu'une seule heure. Les premiers murmurèrent leur mécontentement et dirent au vigneron : Ceux qui n'ont travaillé qu'une seule heure, tu les traites à l'égal de nous, nous qui avons supporté la peine et la chaleur toute la journée. Il répondit à l'un d'eux : Mon ami, je ne te fais aucun tort, nous avions convenu le montant du salaire, prends ce qui te revient et va-t-en, je veux donner aux derniers venus autant qu'à toi. Je fais de mes biens ce que je veux ! Pourquoi vois-tu d'un mauvais œil la manière dont je distribue mes biens ?

Les derniers venus sont les premiers payés et les premiers venus sont les derniers payés.

Le maître du domaine viticole agit exactement comme le Maître de la terre et du ciel. Ce qui est en bas sur terre est le reflet du fonctionnement du Monde de l'Esprit. Ceux qui travaillent toute la journée n'ont pas le même niveau de conscience que ceux qui ne travaillent qu'une seule heure. Les âmes qui s'incarnent sur terre à un moment donné y viennent avec le capital de conscience qu'elles ont acquise durant l'incarnation précédente. Les jeunes âmes sont beaucoup plus matérialistes que les vieilles âmes qui ont déjà beaucoup étudié la Science divine. Nous sommes sur terre pour apprendre à connaître Dieu, le Maître. C'est le niveau de connaissance de cette Science sacrée qui détermine notre travail sur terre. Voilà pourquoi le travail sur terre est si variable.

Les prophéties de Jésus de Nazareth 75

20

Les Règles du Jeu

Quelques jours plus tard, le petit groupe montait vers Jérusalem, la cité de la paix. Jésus leur dit :
- Voici, nous allons à Jérusalem, vous savez, la ville où les brigands et les prophètes sont livrés aux autorités pour être condamnés à mort. Les infidèles à L'Éternel se moquent d'eux, les fouettent et les font mourir sur les croix.

Cette mort infâme est une image très forte de la mort mystérieuse indispensable pour ressusciter à la Vie nouvelle dirigée par l'Éternel. Ce qui est en haut dans le Monde de l'Esprit se reflète en bas sur terre. Mais ne vous inquiétez pas, il ne s'agit pas de perdre la vie. Il faut que vous compreniez la valeur symbolique de la mort physique qui est la mort de l'ego. Celui qui meurt à lui-même ne mourra plus jamais. C'est plutôt réjouissant, non ?

Sur le chemin, près d'un beau jardin, ils rencontrèrent Emma la mère de Jacques et de Jean. Elle s'approcha de Jésus et lui demanda :
- Mes deux fils que voici m'ont quitté pour aller avec toi, dans ce que vous appelez le Monde supérieur de l'Éternel. Je le conçois difficilement, mais je respecte leur choix. Je voudrai tellement qu'ils soient assis auprès de Dieu dans son Monde, tout près de Lui, à sa droite ou à sa gauche, peux-tu faire cela pour eux ?

Étonné par cette question directe, Jésus lui répondit :
- Emma, je comprends tes inquiétudes, mais tu ne sais pas ce que tu demandes. Je ne sais pas si tes fils seront capables de surmonter les épreuves pour entrer dans le Monde de Dieu, ce n'est pas à moi de décider, Dieu seul choisit ! J'ignore s'ils peuvent boire la coupe que je bois ! Alors Jacques et Jean dirent d'une seule voix :
- Mais si, Jésus nous le pouvons !
- Il est vrai que vous boirez la même coupe que moi, mais en ce qui concerne d'être assis à coté de Dieu, à sa droite ou à sa gauche, je ne peux rien faire pour vous, cela sera donné à ceux pour qui ces places sont réservées, c'est à Dieu, le Maître de décider. Il n'y a donc rien à craindre, ses Choix sont dans tous les cas parfaits. Nos âmes viennent tous de Dieu, nous sommes tous avec Lui, et nous retournerons tous auprès de Lui, tôt ou tard, durant cette incarnation là ou dans le futur. Aucune âme ne peut se perdre, c'est impossible, c'est même impensable !

Les privilégiés invités dans le Monde supérieur sont tous des âmes de bonne volonté qui font des efforts pour correspondre à la Volonté divine.

21

Servir Dieu

Mes amis, continua Jésus :
- Vous savez que les chefs des pays tyrannisent leurs peuples, et que les hommes forts asservissent les hommes faibles. Mais entre nous ce ne sera pas comme cela. Celui qui veut être grand dans le Monde supérieur, qu'il serve Dieu, le Maître, et quiconque veut être le premier, qu'il devienne le meilleur serviteur. Les hommes et les femmes sont venus sur terre, non pour être servis par les hommes mais pour servir Dieu et Lui donner leurs vies en paiement de leurs dettes.

Vous voyez ces nombreux aveugles assis au bord des chemins, retirez-en la valeur symbolique et vous comprendrez que nous sommes tous des aveugles au bord de notre chemin. Comme eux, nous devons tous crier à l'Éternel notre grand Médecin : « Aie pitié de nous, donne-nous la permission de Te voir comme si nos yeux d'aveugles retrouvaient la vue ».

Soyez certains, qu'à force de crier ainsi au Père tout-puissant, Il sera ému de compassion pour vous et Il vous donnera la permission et la capacité de Le voir. Ensuite, si ce niveau de conscience est acquit, vous pourrez facilement suivre les Signes qu'Il vous enverra.

22

Par quelle autorité ?

A Jérusalem, le cercle d'amis s'installa devant le temple et Jésus interpella quelques personnes de la foule :
- Que cherchez-vous dans le temple ? Ne savez-vous pas qu'il faut se repentir ? Oui, repentez-vous, faites retour à Dieu l'Éternel ! Je peux vous assurer que seul est heureux celui qui vient à Lui avec une âme purifiée, une âme pure. Lui seul retournera dans les lieux très élevés auprès de Lui. Chassez de vos âmes le commerce des choses impures, renversez vos pensées injustes et fausses car la maison de votre corps est une maison sacrée, une maison de prières N'en faites pas une caverne de voleurs.
Édifiez donc le noble temple de votre âme !
En entendant ces paroles, les gardiens du temple de la ville furent indignés et ils se fâchèrent contre le nouvel orateur. Ils lui dirent :
- Qui es-tu, toi l'inconnu, pour qui te prends-tu pour parler ainsi ? Par quelle autorité parles-tu à nos paroissiens ? Et qui t'a donné cette autorité ?
Avec un calme magistral Jésus leur répondit :
- Je vais vous répondre par une question et si vous y répondez juste, je vous dirai par quelle autorité je dis ce que j'ai à dire. L'autorité de Jean le baptiseur, d'où venait-elle ? Des hommes ou de Dieu ?

Ils raisonnèrent entre eux, si nous répondons de Dieu, cet enseigneur vagabond nous dira : Pourquoi donc n'avez-vous pas cru en lui ? Et si nous répondons des hommes, nous avons à craindre la foule car tous tiennent Jean le baptiseur pour un prophète de Dieu.
Alors ils répondirent :
- Nous ne pouvons pas te répondre car nous n'en savons rien !
- Alors moi non plus, rétorqua Jésus, je ne vous dirai pas par quelle autorité je dis ces choses.

À la foule curieuse qui s'est réunie autour de lui, il raconta :
- Que vous en semble ? Un homme avait deux fils, et en s'adressant au premier, il dit : « Mon fils, va travailler dans la vigne aujourd'hui ». Il répondit : « Je n'ai pas envie, je suis fatigué, je ne veux pas y aller ». Quelques instants après, il se repentit, changea d'avis et y alla. S'adressant au second, il dit la même chose, et le fils répondit : « Je veux bien, père. Mais il n'y alla pas ».
À votre avis, lequel des deux a fait la volonté de son père ? Ils répondirent sans hésiter :
- Le premier fils.
Jésus leurs dit alors :
- Ceux qui feront la Volonté du Père divin vous devanceront pour entrer dans son Monde. Jean le baptiseur est venu selon la Volonté divine et vous ne l'avez pas reconnu. Ce qu'il faut retenir et comprendre de cette histoire, c'est que pour entrer dans le Monde magique de l'Esprit, il suffit de se repentir et de revenir au Maître de tous les mondes.
Écoutez cette autre histoire ! Un jour, un vigneron donna sa vigne en fermage à des exploitants viticoles. Au

moment de la récolte il envoya ses comptables pour recevoir la moitié de la récolte. Les exploitants battirent l'un, tuèrent l'autre et lapidèrent le troisième.

Le vigneron envoya d'autres employés, et les fermiers viticoles les traitèrent de la même manière. Enfin, il envoya un de ses fils en se disant : « Cette fois-ci ils respecteront celui que je leur envoie ». Quand les exploitants virent le fils, ils dirent entre eux : « C'est l'un des héritiers, tuons-le et nous aurons part à l'héritage ».

C'est ce qu'ils ont fait. Alors que fera le maître de la vigne ? Les auditeurs répondirent :

- Il fera périr misérablement ces infâmes tricheurs et il donnera sa vigne à des gens dignes et capables qui lui rendront les fruits de la récolte.

- Oui, reprit Jésus, c'est ainsi que cela se passe dans le Monde de l'Esprit du grand Maître de la terre et du ciel. Ce qui est en haut se reflète en bas. Ceux qui ne rendent pas les bons fruits de leurs œuvres au bon Maître seront dans sa Colère.

Ceux qui rejettent Dieu sont comme des bâtisseurs qui rejettent la pierre angulaire qui est la principale. Le Monde supérieur leur sera occulté, et sera donné aux sages qui rendront les bons fruits à Dieu. Ceux qui sont rebelles à Dieu seront brisés car Dieu leur tombera dessus comme une grande pierre.

Après avoir entendu ce discours, les gardiens du temple comprirent que c'était d'eux que Jésus parlait, ils cherchèrent dès lors à se saisir de lui, mais ils craignaient la foule, parce qu'elle le tenait pour un prophète.

23

Quand le cœur parle...

Jésus, Myriam et leurs amis partirent du lieu du temple pour aller vers les beaux jardins au nord de la ville.
- Parlez-nous encore du Monde de l'Esprit, demanda Léa à Jésus et à Myriam. Pouvez-vous nous en dire davantage et pouvez-vous nous dire d'où vous savez tout cela ?

Jésus prit Myriam par les épaules et dit :
- En réalité nous nous sommes laissés enseigner par l'Esprit du grand Maître qui nous a insufflé sa Science la nuit, très tôt le matin durant de longues années. C'est comme la lumière de la lune qui reflète la lumière du soleil, c'est donné et transmis. La Science divine est la Connaissance absolue, la Lumière, Elle est reçue et transmise. Il y a fort longtemps, nous avions lu dans le livre sacré de nos ancêtres que nous serons tous enseignés par Dieu. Nous avons pris cette parole très au sérieux et nous voulons absolument la vérifier et l'expérimenter. Nous sommes complètement fascinés par les Merveilles de cette Science occultée et cachée. C'est assez incroyable, nous l'avouons et pourtant ce Monde suprême est partout, mais nous ne pouvons Le voir que si l'Esprit du Maître nous Le montre. Il est comme ce magnifique jardin, paisible, merveilleusement construit, facile à vivre et à contempler éternellement.

Myriam prit la main de Jésus dans la sienne et continua :

- Vous savez, ce n'est pas aussi simple que cela, pour y arriver il faut beaucoup d'efforts et de constance. Pendant des années, nous avons étudié les textes sacrés de nos ancêtres, ils en savaient beaucoup plus que la plupart des gardiens de nos temples. Oui, c'est à force d'efforts et d'épreuves que Dieu se penche finalement un peu vers nous. Il est tellement mesuré, Il donne sa Science par de petites intuitions, parfois par des grandes leçons magistrales, par des songes et des rêves. Avec le temps on apprend à accueillir, à recevoir, à comprendre un peu comment Dieu fonctionne, pour finalement voir les rouages secrets de son Monde fabuleux. Avec ma vision féminine je fonctionne différemment que Jésus, je suis plutôt intuitive et je compte plus sur mon ressenti intime que sur les études académiques et scientifiques. C'est la version féminine, c'est logique.

Jésus, lui fonctionne différemment, avec sa vision masculine, il étudie, analyse tout, décortique chaque mot, chaque nombre, et en fait la synthèse. C'est comme s'il faisait l'extraction de la moelle de toute chose, de tout événement, de toute situation et de chaque signe. Il arrive ainsi à mettre facilement des mots sur ce qu'il a compris, et au final nous sommes toujours ravis de voir que l'un confirme l'autre et que l'autre confirme l'un. Il faut les deux, sans aucun doute, seul, aucun de nous deux ne pourrait atteindre ce Monde inexprimable. On se dit souvent cela. Je peux encore vous dire, mes amis, que vous avez une chance inouïe d'être en couple, profitez-en bien ! C'est bien la chose la plus difficile à réaliser en ce monde et j'ai vu aussi, que c'est un Cadeau de notre Père, le Seigneur de la terre et du ciel. Ne gâchez surtout pas votre couple, mais faites des efforts pour vous accomplir ensemble. La rivalité dans un couple est un vrai poison, qu'elle n'existe pas entre vous !

Léa et Rebecca, émues et profondément touchées par ces paroles sorties directement du cœur de Myriam, l'embrassèrent et la remercièrent chaleureusement.

Extrêmement sensible, Myriam fondit en larmes et riait en même temps.

Elle murmura :
- C'est tellement beau, tellement grand, nous n'y sommes pas pour grand chose, nous essayons sincèrement, simplement de comprendre la Volonté de notre Père, de suivre ses Choix, et c'est vraiment incroyable, inimaginable. Son Amour pour nous est tellement fort, tellement intense que nous devons vraiment nous accrocher pour saisir cet incompréhensible Mystère.

Oh ! Excusez-moi...je suis confuse, mais...mais, cette histoire me dépasse tellement !

24

Invitation aux Noces

Jésus reprit la parole avec un sourire joyeux :
- Le Monde de Dieu, le grand Roi est semblable à une grande fête de noces organisée par un roi terrestre pour l'un de ses nombreux fils. Il invite une multitude de personnes, mais aucune ne répond favorablement à l'invitation royale. Ils invoquent diverses raisons. Le roi dit alors : « Les noces sont prêtent mais les invités n'en sont pas dignes ». Alors le roi fait venir d'autres personnes dignes et volontaires.

Dans le Monde supérieur de Dieu comme dans le monde terrestre, il y a beaucoup d'appelés, mais peu d'élus. Pour passer de l'état d'appelé à l'état d'élu, c'est facile, il suffit de se présenter aux élections, c'est-à-dire de se présenter devant la Face de Dieu. Pour être élu, il faut bien entendu pouvoir Lui montrer un cœur pur, un cœur en or purifié de toutes les pollutions humaines, les mauvaises pensées, les mauvaises actions et les mauvaises paroles. Voilà notre travail essentiel, car devenir un élu est le principal but sur cette terre d'exil. Les appelés qui ne répondent pas aux Appels incessants de Dieu resteront enfermés dans la prison de l'ignorance.

Par ailleurs, pour devenir digne d'être invité dans le Monde merveilleux du Juge suprême, il faudra se présenter de nombreuses fois jusqu'à ce qu'on réussisse ce difficile examen de passage. Dieu juge la validité de notre conscience. Nous avons beau croire en toutes sortes de choses du Monde divin, cela ne sert pas à grand chose et quand on se présente devant Dieu, nos croyances sont anéanties. Voilà ce qu'il faut comprendre et voir.

Alors pas d'hésitations, méditez autant que vous pouvez pour curer vos âmes des boues terrestres, vous constaterez que chaque effort est méritoire. Chacun reçoit selon ses efforts.

25

Rendez à Dieu ce qui est à Lui

Quelques jours plus tard, les gardiens du temple de Jérusalem interpellèrent Jésus car leur colère ne faiblissait pas. Ils voulaient trouver le moyen de le faire condamner. Ils lui dirent :
- Nous ne savons pas qui tu es. Tu prétends enseigner la Vérité de Dieu par une Voie étrangère sans te soucier le moins du monde de notre Tradition, celle de nos ancêtres. Toi qui prétend mieux savoir que nous, dis-nous donc si nous devons payer les impôts aux tyrans qui nous gouvernent ?

Jésus connaissait leur mauvaise foi, les apostropha vertement :
- Pourquoi me tentez-vous, hypocrites ? Montrez-moi une pièce d'argent avec laquelle on paie l'impôt ! Ils lui présentèrent une pièce en argent. De qui sont cette effigie et cette inscription ?
- Du César régnant, lui répondirent-ils. Alors il leur dit :
- Rendez-donc au César régnant ce qui est au César régnant, mais rendez surtout à Dieu ce qui est à Dieu. Ce n'est pas l'argent qui va sauver vos âmes, hypocrites, mais l'Éternel, le Dieu vivant que vous ne connaissez pas. Ne vous occupez donc pas tant de l'argent, mais occupez-vous plutôt de vos âmes. Comprenez donc ! Ce qu'il faut rendre à Dieu c'est la Gloire et vous, vous la gardez pour vous, comme des voleurs de Gloire.

Étonnés de ce qu'il venaient d'entendre, les gardiens du temple s'en allèrent plus fâchés qu'avant.

26

Les réincarnations

Le soir au dîner, Thomas dit à Jésus :
- Aujourd'hui quelqu'un du temple m'a posé une question à laquelle je n'ai pas su répondre. D'après la loi de nos ancêtres, si quelqu'un meurt sans enfant, son frère épousera sa veuve et suscitera une postérité à son frère. Or il y avait sept frères. Le premier se maria et mourut et comme il n'avait pas d'enfant il laissa sa femme à son frère. Il en fut de même pour le second, puis du troisième, jusqu'au septième. Après eux, la femme mourut aussi. A la résurrection, de quel mari sera-t-elle la femme puisqu'elle a été la femme des sept frères ?
- Nous en avions déjà parlé Thomas, tu aurais pu lui répondre, répondit Jésus. Tu sais bien que la résurrection des morts correspond à la réincarnation de l'âme après la mort du corps. Les corps morts ne ressuscitent jamais avec le même corps physique. Un corps vraiment mort ne peut pas ressusciter. Seule l'âme ressuscite, elle se réincarne de très nombreuses fois en changeant à chaque fois de corps physique. N'oublie pas Thomas, l'âme est éternelle, sans début et sans fin. Son origine n'est pas terrestre, elle vient d'ailleurs, d'un au-delà de la terre. Ce qu'il faut comprendre, c'est qu'à l'origine, nos âmes étaient toutes avec l'Éternel, l'Esprit du ciel et de notre terre. Dans son Monde inconnu, nous étions tous avec Lui, et nous L'avons gravement offensé par une sorte de rébellion à sa

Volonté, à tel point qu'Il nous a puni, chassé de son Monde parfait et Il nous a envoyé sur cette terre d'exil pour purger notre peine. A cause de cette faute originelle grave, nous avons chuté et atterri dans un corps terrestre, il y a bien longtemps et actuellement nous vivons cette incarnation-ci pour comprendre qui nous sommes.

Fort heureusement, le Juge l'Éternel a assorti notre peine d'un pouvoir de rachat. Le sens profond de notre vie terrestre est de retourner un jour dans son Monde merveilleux. Ainsi, nous sommes ici pour nous racheter et payer notre dette envers Dieu jusqu'à la dernière pensée impure. Quand notre âme sera redevenue pure et parfaitement nettoyée, nous retournerons certainement auprès de notre Père l'Éternel.

Thomas incrédule demanda :
- Tu veux dire que nous nous réincarnerons de très nombreuses fois avant de retourner auprès de Lui.
- Oui, le nombre de fois est variable, cela dépend de la gravité de l'erreur commise. C'est ainsi, nous ne pouvons pas changer les Lois de notre existence.

Lors d'une nouvelle incarnation, l'âme d'un corps masculin ne prendra pas la même épouse de l'incarnation précédente, tout comme l'âme féminine ne prendra pas le même époux. L'âme change de corps physique à chaque incarnation, en oubliant la précédente. L'oubli n'est pas total, il y a bien des intuitions et des coïncidences incroyables à chaque incarnations.

Chaque nouvelle vie terrestre est une nouvelle chance, une nouvelle probation pour retrouver notre origine divine. L'Éternel est le Maître vivant de toutes les âmes éternelles, et Il est aussi bien le Dieu des vivants que des morts. En réalité, nous sommes tous avec l'Éternel, et aucun de nous ne peut vivre séparé de Lui, c'est impensable ! Notre âme appartient à la grande Âme éternelle.

Rebecca lui demanda alors :
- Durant toutes ces incarnations, quel est le plus grand commandement à retrouver et qu'il faut suivre sérieusement ?
- Excellente question, Rebecca ! Tu aimeras l'Éternel ton Dieu, de tout ton cœur, de toute ton âme, et de toute ta pensée. C'est le premier et le plus grand commandement !
Et voici le second, qui lui est équivalent : tu aimeras l'Éternel ton Dieu à la place de toi-même, à la place de ton ego !
Tu vois Rebecca, de ces deux commandements dépendent toutes les réincarnations humaines et toutes les Lois divines.
Faites cela, mes amis, ce sont les deux clés qui permettent d'accéder à la Vie organisée par Dieu et qui permettront un jour le retour auprès de Lui.

27

Critiques des hypocrites

Quelques jours plus tard, la foule de plus en plus nombreuse attendait Jésus et ses amis sur la place principale. Les gardiens du temple l'attendaient aussi, ils étaient exaspérés par les propos sans gêne de ce prophète indésirable. Jésus connaissait très bien leur tradition et il dit à la foule devenu silencieuse :
 - Les gardiens du temple sont enfermés dans les dogmes de la tradition. Vous pouvez faire ce qu'ils disent, mais n'agissez pas comme eux. Ils disent ce qu'ils ont lu, ils veulent vous enseigner, mais eux-mêmes ne font pas ce qu'il enseignent. Ce sont des hypocrites, ils vous chargent de fardeaux pesants, les mettent sur vos épaules, mais ils ne remuent pas leur petit doigt.
  Ils font toutes leurs actions pour que vous les regardiez, pour que vous les voyez, ils portent de riches vêtements et de belles parures, ils aiment les premières places dans les festins et les premiers fauteuils dans les temples. Ils aiment à être salués sur les places publiques et à être appelés par les hommes et femmes : maître, maître !
  Par contre, ne vous faites pas appeler maître car il n'y a qu'un seul Maître, le Père l'Éternel qui seul vous enseigne.

Et n'appelez personne père sur la terre, car un seul est votre Père, l'Éternel, vous êtes tous ses fils et filles, et vous êtes tous frères et sœurs.

N'appelez personne directeur sur la terre, car un seul dirige votre vie, le Directeur, l'Éternel.

Que celui qui parmi vous veut être le plus grand, qu'il soit le plus grand serviteur de Dieu. Quiconque s'élèvera de lui-même sera abaissé par Dieu, mais quiconque s'abaissera devant Dieu sera élevé par Lui.

Malheureux, les gardiens des temples hypocrites, parce qu'ils ferment le Monde de Dieu. Ils n'y sont pas entrés eux-mêmes et ils empêchent ceux qui veulent y accéder.

Malheureux, les gardiens des temples parce qu'ils dévorent les maisons des veuves, et qu'ils font pour l'apparence de longues prières, à cause de cela, ils seront punis plus sévèrement par le grand Juge l'Éternel.

Malheureux, les missionnaires aveugles parce qu'ils courent les mers et la terre pour faire un nouveau converti à leurs doctrines et quand il est devenu un adepte, ils en font un aveugle de plus.

Malheureux ces conducteurs hypocrites qui disent : « Si quelqu'un jure par le temple, ce n'est rien, mais si quelqu'un offre de l'argent au temple, il est reconnu et engagé .» Quels insensés aveugles !

Qu'est-ce qui est plus grand, l'argent ou l'Esprit de Dieu ? Celui qui jure par l'argent déposé au temple, jure par l'argent et par ceux qui le reçoivent. Celui qui jure par l'Esprit du temple jure par l'Éternel qui y habite, et celui qui jure par le trône de Dieu jure par Celui qui y est assis.

Malheureux ces tricheurs parce qu'ils délaissent la justice, la miséricorde et la fidélité.

28

Critiques des mondains

Malheureux, vous les mondains infidèles à Dieu, vous n'êtes que des hypocrites parce que vous nettoyez votre corps et votre visage pour paraître beaux, mais au dedans de vous-mêmes, vous êtes pleins d'impuretés et de mauvaises pensées. Mondains aveugles, nettoyez premièrement vos âmes afin que l'extérieur soit aussi beau que votre âme.

Vous ressemblez à des tombeaux richement ornés pour paraître séduisants à l'extérieur, mais qui sont au dedans, pleins d'ossements de morts et de toutes sortes d'iniquités.

Vous voulez paraître justes devant vos fidèles, mais au dedans, vous êtes pleins d'injustices et d'hypocrisies.

Malheurs à vous, mondains trompeurs qui construisez des temples aux prophètes et qui ornez les tombeaux des idoles. Vous célébrez des fantômes ! Et vous dites si nous avions vécu du temps de nos ancêtres, nous ne nous serions pas joints à eux pour leur donner la gloire, vous témoignez ainsi contre vous-mêmes que vous êtes les fils d'idolâtres. Comblez donc la mesure de vos ancêtres. Hypocrites, comment échapperez-vous à la Rigueur de l'Éternel ?

Ne savez-vous pas que Dieu envoie des prophètes et des sages pour que nous apprenions à Lui redonner la première place et pour que nous Lui rendions la Gloire ?

Les gardiens des temples et les mondains ont annulé la Puissance de l'Esprit divin et la Richesse de son Monde merveilleux.

Tous ces tricheurs feraient bien mieux de crucifier et de tuer leur ego afin de sauver leur âme et de retrouver la Vie dirigée par l'Éternel ! Je vous l'affirme, la Rigueur divine tombera sur cette génération.

Léa se leva et dit spontanément :
- Tes paroles, Jésus sont dures ! Comment les personnes du monde peuvent-elles accepter ces critiques ?
- Oui, oui je sais bien, c'est très dur, mais comment le dire autrement ? Il faut bien que quelqu'un leur dise comment rectifier leur fausse route. L'Esprit de Dieu est partout et par tout ce qui existe, et combien de fois a-t-Il voulu rassembler ses enfants ? Ils sont rebelles à sa Volonté, ils ont délaissé leur Père l'Éternel, alors Il les délaisse aussi. Ils apprendront tôt ou tard, par les épreuves et les tourments, les conséquences d'avoir abandonné leur Père le bon Dieu.

Les mondains profanes ne verront pas Dieu jusqu'à ce qu'ils comprennent qu'ils doivent Lui dire : « Gloire à Toi, Seigneur notre Père, viens jusqu'à nous nous aider, nous délivrer et nous sauver. Oui, apprends-nous et enseigne-nous ta Science sacrée. »

29

La bataille intérieure

En s'éloignant de la place du temple, Philippe et Matthieu s'approchèrent de Jésus pour lui faire remarquer la grandiose architecture du temple de Jérusalem. Jésus leur répondit :
- Voyez toutes ces pierres d'un autre œil. Il ne restera rien de ce temple dans les temps futurs car Dieu précipite dans le néant toutes les œuvres humaines. Tout finira par s'écrouler un jour !

Ils rejoignirent la montagne des oliviers et les deux amis lui demandèrent :
- Dis-nous, quand cela arrivera-t-il et quel sera le signe de la fin du monde ?

Jésus répondit :
- Prenez garde que personne ne vous séduise, ni votre ego, ni un prophète, ni un gardien du temple, ni personne, car plusieurs viendront en leurs propres noms et ils séduiront beaucoup de gens.

Vous livrerez la bataille en vous, contre votre ego qui est votre adversaire intérieur, mais gardez-vous d'être peureux, car il faut que ces événements arrivent. S'ils n'arrivent pas, vous ne pourrez pas faire retour à Dieu le Maître.

Puis Jésus ralenti ses paroles en insistant sur chaque mot :

- Pour que le Monde supérieur puisse s'ouvrir, il faut que le monde inférieur, matériel et humain se ferme. Oui, c'est exactement cela !
Visiblement il était réjoui d'avoir trouvé quelques mots qui résument la folle aventure humaine. Et il répéta avec un large sourire :
- Pour que le Monde supérieur de Dieu puisse s'ouvrir, il faut que le monde inférieur, matériel et humain se ferme.
Surpris, Philippe exprima sa totale incompréhension :
- Tu veux dire que le monde matériel s'arrête et que le monde humain meurt ?
- Non, Philippe, ne crains rien, l'agonie mystérieuse de l'ego n'est pas la fin de l'accomplissement. Le symbole de la mort sur la croix sans perdre la vie introduit à la seconde moitié du chemin vers la Vie par l'Esprit. Le monde matériel se transforme, il devient moins important à tes yeux, et le monde humain devient inintéressant car vide de sens, mais il reste ce qu'il est.
Alors, réjouis-toi, le meilleur reste à venir.
Cette bataille intérieure ne sera que le commencement des troubles. Vous serez livrés aux tourments, Dieu testera votre volonté de Le rejoindre pour voir si vous en êtes dignes. Vous essayerez de faire mourir votre démon intérieur, votre ego, votre volonté personnelle, votre orgueil. Par cet anéantissement mystérieux, vous serez transformés. Ceux qui ne comprendront pas votre changement vous haïront à cause de votre cheminement vers Dieu.
Alors plusieurs reviendront vers eux-mêmes, vers leur ego par peur d'avancer vers l'inconnu, et ainsi trahiront Dieu le Maître, et ils finiront par se haïr entre eux.
Plusieurs se prendront pour des prophètes, ils séduiront même beaucoup de personnes, mais ce seront des faux

prophètes, des séducteurs. Et parce que l'iniquité se sera accrue, la charité et l'amour pour Dieu se refroidira.

Mais ne craignez rien, mes amis, celui qui persévérera sera sauvé par le bon Maître. Le Salut est la délivrance du monde matériel et humain et l'entrée dans le Monde magique dirigé par Dieu, l'Absolu.

Cette excellente nouvelle du Monde divin sera connue de tous, tôt ou tard !

C'est pourquoi, lorsque vous découvrirez l'abomination et la désolation du monde inférieur, ne soyez pas surpris, vous aurez envie de le fuir, votre détresse sera grande. Mais ces jours sombres seront abrégés pour ceux qui comprendront. Si quelqu'un vous dit alors : « Dieu est chez nous ou Il est là à cet endroit », ne le croyez pas, car il s'élèvera des faux prophètes et de faux maîtres, ils feront de grands prodiges et de grandes tromperies, au point de séduire même, s'il était possible, les plus sages. Si on vous dit, que Dieu est dans le désert, n'y allez pas, qu'il est là dans les chambres, ne le croyez pas.

Voilà, je vous ai prévenu pour que vous ne restiez pas ignorants de l'existence du Monde supérieur de l'Esprit. Comme l'éclair part de l'orient du ciel et se montre jusqu'à l'occident, ainsi sera la venue de l'Esprit de Dieu. Si vous mourez à vous-même comme un cadavre qui reste en vie, Dieu est là avec vous, en vous.

Salomé se leva et s'enthousiasma :
- Oh, Jésus ! Comme c'est passionnant ! Peux-tu nous en dire davantage sur ces tourments et cette détresse indispensable ?
- Durant ces jours de détresse, ces longues heures d'agonie de l'ego, répondit Jésus d'un air grave, vous aurez l'impression que le soleil s'obscurcit, que la lune ne donne plus sa lumière, que les étoiles tombent du ciel et que les puissances du ciel

sont ébranlées. Alors le Signe de Dieu paraîtra pour vous dans le ciel, comme un arc en ciel, ou un effet de lumière spécial pour vous. Les ignorants aveugles ne verront rien, mais vous, vous verrez la Puissance et la Gloire de l'Éternel. Vous aurez l'impression que Dieu vous envoie son ange ou son messager avec sa trompette retentissante. Vous aurez l'impression de faire partie de la grande Famille du Père l'Éternel qui rassemble ainsi ses fils et filles bien-aimés.

Ce passage peut être comparé à un figuier, dès que ses branches deviennent tendres et que les feuilles poussent, vous savez que l'été approche. Il en est de même de vous ! Quand vous aurez l'impression de tous ces événements, vous saurez que le Monde divin est proche et que vous êtes sur le pas de sa porte d'entrée. Je vous le dis, à chaque génération, il y des sages instruits qui vivent cette Vie donnée par l'Éternel. Puissiez-vous, y accéder !

Les hommes passent, de génération en génération, mais la Parole Dieu ne peut pas passer.

Et pour ce qui est du jour et de l'heure où cela se passera, personne ne le sait, ni les prophètes, ni les sages, mais Dieu seul, car Il est le Maître du Temps.

30

Noé

En s'adressant à Salomé, Jésus se mit à raconter :
- Tu connais bien, comme nous tous, l'histoire de Noé. Ce qui lui arriva, t'arrivera aussi. Dans les jours qui précédèrent le déluge, les hommes mangeaient et buvaient, se mariaient et mariaient leurs enfants, jusqu'au jour où Noé entra dans son arche. Les hommes du monde ne se doutèrent de rien, jusqu'à ce que le déluge vînt et les emportât tous.
 Il en sera de même pour toi Salomé, à la venue de Dieu pour toi. Alors, en toi-même, la nouvelle femme sera prise et ta partie égoïste sera laissée, comme deux femmes qui moudront à la meule, l'une sera prise et l'autre laissée. Il en sera de même, dit-il en s'adressant à Jean, le nouvel homme en toi sera pris et le vieil homme, ton ego sera laissé, comme deux hommes dans un même champs, l'un sera sauvé et l'autre laissé. Il en sera de même pour vous tous !
 Veillez donc, puisque vous ne savez pas à quelle heure Dieu viendra vous visiter. Sachez-le bien, soyez vigilant comme un prince qui attend la visite d'un roi, il veillerait jour et nuit en gardant son palais préparé pour une visite si prestigieuse. Ou encore, veillez comme un maître de maison qui attend la visite d'un ami très important.
 C'est pourquoi, tenez-vous prêts, vous tous, car Dieu viendra à l'heure à laquelle vous n'y pensez pas.

Quels sont donc parmi vous, le serviteur et la servante que le Maître Dieu trouvera faisant ainsi ? Je vous le dis, Il les visitera pour leur donner les Promesses de son Monde fabuleux.

Par contre, les hypocrites curieux de ce Monde réservé attendront en vain la venue du Maître. Il leurs donnera leur part de tourments et il y aura des pleurs et des grincements de dents.

31

Comparaison

Pour accueillir Dieu, il faut se préparer sérieusement. Il faut veiller, beaucoup prier et purifier l'âme. C'est comme si dix personnes parmi vous apprenaient que le Maître devait vous visiter ce soir à minuit. Cinq d'entre vous vont préparer leurs lampes avec une réserve d'huile suffisante pour veiller toute la nuit. Lorsque le Maître viendra, Il vous trouvera en train de L'attendre et Il vous rendra visite. Les cinq autres ne pourront pas veiller car ils n'auront pas préparé suffisamment d'huile pour leurs lampes et ils dormiront à l'heure de la visite de l'Esprit divin.

Alors, je vous en prie, préparez-vous à L'accueillir, devenez dignes de Le recevoir, veillez tous les soirs car vous ne savez pas à quelle heure Il viendra et demandez-Lui de venir vous visiter. Insistez, frappez fort et souvent, la porte de son Monde n'est pas irrémédiablement fermée, il n'y a que des petits frappeurs. Ne perdez pas courage, il faut beaucoup frapper avant qu'elle ne s'ouvre.

Nous pouvons encore comparer le Monde supérieur à une histoire du monde inférieur. Dieu le Maître agit comme un maître de maison avec ses serviteurs.

Un jour, un maître de maison avant de partir en voyage appela ses serviteurs et leur remit quelques biens. Il donna cent pièces d'argent à l'un, cinquante à l'autre et dix au troisième, à chacun selon sa capacité et son mérite, et il s'en alla. Celui qui avait reçu les cent pièces d'argent les fit valoir et en gagna cent autres. De même celui qui en reçu cinquante en gagna cinquante de plus. Celui qui n'en avait reçu que dix les enterra dans le jardin pour les cacher. Quelques temps après, le maître revint et leur demanda des comptes. Celui qui avait reçu les cent pièces s'approcha et dit : « Mon maître, tu m'as remis cent pièces d'argent, voici j'en ai gagné cent autres. » Le maître lui dit : « C'est très bien, bon et fidèle serviteur, tu as été fidèle pour cette somme d'argent, je te vais te confier une grande partie de mes biens et tu seras heureux d'en profiter. »

Celui qui avait reçu les cinquante pièces s'approcha aussi et dit : « Mon maître, tu m'as remis cinquante pièces d'argent, voilà, j'en ai gagné cinquante autres. » Le maître lui dit : « C'est bien, bon et fidèle serviteur, tu as été fidèle, je vais te confier une partie de mes biens et tu seras heureux d'en profiter. »

Celui qui en reçu dix, s'approcha et dit : « Mon maître, je savais que tu es un homme dur, qui moissonne ce qu'il n'a pas semé et qui amasse ce qu'il n'a pas vanné ? J'ai eu peur et j'ai caché tes pièces dans le jardin, voici, prends ce qui est à toi. » Le maître lui répondit : « Mauvais serviteur, paresseux, tu savais que je moissonne ce que je n'ai pas semé et que j'amasse ce que je n'ai pas vanné. Tu aurais dû remettre mon argent au banquier, et à mon retour, j'aurais retiré ce qui est à moi avec des intérêts. Ôtez-lui donc les dix pièces d'argent et donnez-les à celui à qui j'ai confié les cent pièces d'argent. »

Dans le Monde divin, Dieu donnera une infinité de bonnes choses à celui qui a le mérite de recevoir et il sera comblé, mais à celui qui n'en a pas le mérite, Dieu enlèvera même le peu qu'il possède.

Et le serviteur inutile sera jeté hors de son Monde merveilleux, là où il y a des pleurs et des grincements de dents.

Écoutez encore cette explication du Monde de l'Éternel pour que vous Le compreniez mieux !

La foule et ses amis, fascinés par ses paroles gardèrent un silence profond et personne n'osait plus bouger !

- Il est difficile de concevoir la Grandeur de l'Esprit, c'est pourquoi il nous faut des images et des symboles pour comprendre. Vous savez que la vie sur terre est organisée par Dieu, le Juge des hommes qui est assis sur le Trône de sa Gloire. Tout se passe comme si tous les humains étaient assemblés devant Lui. Il sépare les uns avec les autres selon leurs œuvres, comme un berger sépare les brebis des boucs.

Dieu dit à ceux qui sont à sa droite : « Venez, recevez ma Bénédiction et prenez possession de mon Monde que je vous ai préparé depuis la fondation des mondes. J'ai entendu vos prières, votre repentir et votre componction. Je vous ai entendu crier : Père Éternel, nous avons faim de Toi, aie la Bonté de nous donner à manger ; nous avons tellement soif de Toi, permets-nous de boire à ta Source ; vois notre souffrance d'être des étrangers pour Toi, recueilles-nous auprès de Toi ; nous nous présentons nus devant Toi pour que Tu puisses nous revêtir du manteau de ta Miséricorde ; nous sommes malades à cause de ton Absence et de ton Silence, aie la Bonté de nous guérir ; prends pitié de nous car nous sommes enfermés dans la prison de notre ignorance, viens-nous enseigner ta Science et sauve-nous par ton Enseignement.

Ensuite Dieu dit à ceux qui sont à sa gauche : Éloignez-vous de Moi, Je ne vous donne pas ma Bénédiction mais la Malédiction car votre cœur est mauvais et votre âme est trop impure. Vous avez vendu votre âme au diable, Je ne vous ai jamais entendu crier des prières, ni même murmurer votre repentir et encore moins entendu votre componction. »

Ainsi la Vie par l'Éternel est réservée aux justes et la vie infernale est dédiée aux injustes.

La foule fut séduite, ses amis aussi. Personne ne pouvait plus parler, et ne voulait le quitter.

32

Chez Joseph d'Arimathie

Dans les environs de Jérusalem, Jésus, Myriam et leurs amis séjournèrent quelques temps chez Joseph d'Arimathie, l'oncle de Myriam, un médecin bon et juste. Malgré son grand âge, il était toujours très actif. En effet, grâce à sa grande expérience, il soignait de nombreuses personnes aussi bien parmi le conseil du temple que parmi le peuple, ainsi que chez les dirigeants politiques et leurs familles. Il allait souvent dans le palais de Ponce Pilate pour y soigner son épouse, Claudia Procula.

Joseph était membre du conseil du temple, mais en secret, il était très intéressé par les paroles vivifiantes de Jésus qui ne parlait plus que du Monde de l'Esprit.

Lors d'un déjeuner dans la cour ombragée du petit palais de Joseph, Élisa, la plus jeune de ses filles, s'approcha de Jésus avec un vase d'albâtre renfermant un parfum de grand prix. Elle répandit le parfum sur sa tête. Les familiers de la maison, voyant cela, s'indignèrent :

- A quoi bon cette perte, Élisa ? Nous aurions pu vendre ce parfum très cher, et en donner le prix aux pauvres.

Pourquoi faites-vous de la peine à Élisa ? intervint Jésus. Elle a été inspirée et elle a fait une bonne action envers moi. Vous aurez toujours les pauvres autour de vous, mais je ne serai plus longtemps avec vous. En répandant ce parfum sur ma tête, elle l'a fait pour ma sépulture, et je la remercie de son beau geste.

Très étonné de ce qu'il vient d'entendre à sa table, Joseph dit à Jésus :

- Tu sais que les gardiens du temple de Jérusalem sont très fâchés contre toi, tu les as offensé et ils cherchent à te punir, à te condamner. Tu sais aussi que je siège dans leur conseil où j'ai quelques influences, ils ont déjà fait condamner des hommes sages qui se faisaient appeler prophètes. Fais attention à toi, ne mets pas d'huile sur le feu qui couve, ce serait vraiment dommage de te perdre.

- Merci Joseph de me prévenir, dit calmement Jésus, je sais parfaitement ce qui se trame à Jérusalem. Mais vois-tu, j'ai une Mission à remplir et il m'est impensable de ne pas aller jusqu'au bout du Plan de notre Maître l'Éternel. Je ne fais que selon sa Volonté, je fais ce qu'Il me montre et je sais aujourd'hui que j'ai un rôle à jouer à Jérusalem dans les prochains jours. Peu importe ce qui m'arrivera, le Maître qui dirige le monde m'a dit de ne rien craindre, mais au contraire de me réjouir de tout ce qu'Il fera pour moi. Alors pas d'inquiétudes, Dieu ne parle pas pour ne rien faire, Il fera et j'ai une totale confiance en sa Parole, c'est absolu pour moi.

- Je suis ravi de t'entendre parler ainsi Jésus, et j'envie ta certitude en Dieu. Je n'ai jamais rencontré un homme aussi vrai et profond que toi. Au conseil du temple, les sages sont plutôt hésitants et trop réfléchis. Même s'ils parlent beaucoup, ils ne disent pas grand chose. Je t'ai entendu discourir devant le temple avec mon vieil ami Nicodème, il a lui aussi très envie de te rencontrer. Peut-être viendra-t-il en fin d'après-midi ? Les sacrificateurs du temple et les anciens se sont réunis hier chez Caïphe, notre grand prêtre, le seul reconnu par les autorités politiques. Ils cherchent à t'arrêter par ruse et à te faire

Les prophéties de Jésus de Nazareth 111

condamner. Caïphe est un hargneux, et il t'en veut personnellement parce que tu lui fais de l'ombre, beaucoup trop. Il est clair qu'il est très jaloux de toi, alors redouble d'attention, les hommes hargneux et influents de surcroît sont redoutables. Avec Nicodème, nous avons quelques amis qui pensent comme nous au conseil, mais nous sommes peu nombreux et peu influents. S'ils t'arrêtent, il nous sera difficile de te sauver.

- Merci, mais je ne crains rien. Je sais que je suis là pour être sauvé, délivré et libéré par Dieu. N'est-il pas écrit dans le livre de nos ancêtres « Espère en l'Éternel et Il te délivrera » ?

- C'est bientôt la Pâque, prévient Joseph, c'est la plus grande fête de l'année, et les sacrificateurs du temple ne veulent surtout pas de tumulte parmi le peuple.

- Je sais Joseph, mais l'homme doit mourir à lui-même pour entrer dans la Vie organisée par l'Éternel, à l'image de ceux qui sont livrés et crucifiés sur la colline de Golgotha.

Élisa, inquiète, s'approcha de Jésus et lui dit :

- J'ai peur pour toi, Jésus, je ne supporterai pas qu'il t'arrive quelque chose, mon père sait parfaitement ce qu'il dit et j'ai entendu ses craintes à ton égard. Il nous parle souvent de toi comme son ami, il nous a révélé son admiration et son amitié pour toi. Je sais que mon père Joseph t'aidera quoi qu'il t'arrive.

- Ne t'inquiètes pas, Élisa, notre Père à tous fait les choses à la perfection. Je te confie un secret, je l'applique toujours avec Myriam : fais toujours ce que tu ressens profondément en toi, toujours, malgré et contre tout, car ce que tu ressens est le plus juste. Aie confiance en ce qui te dépasse, écoute la toute petite voix qui parle en toi et suis-la, tu comprendras plus tard.

Je reviendrai te dire au revoir avant de partir de ce pays. Merci à toi d'être ce que tu es. Nous nous reverrons, sois en certaine.

33

Judas de Carioth

Un vieil ami de Jésus et de Myriam était aussi présent au banquet parmi les invités de Joseph. Jésus, reconnu non sans mal Judas de Carioth, un ancien essénien comme Jean le baptiseur, avec qui il avait beaucoup partagé les textes anciens sacrés.
- Mais oui, c'est bien toi Judas ! Quel plaisir de te revoir, cela fait si longtemps que nous nous sommes perdus de vue ! Ce n'est pas par hasard que nous nous retrouvons aujourd'hui !
Judas très heureux de revoir celui qu'il admirait le plus lui dit :
- J'ai beaucoup pensé à toi ces derniers jours. Ici les gens ne parlent que de toi, c'est assez incroyable combien tu peux fasciner les gens du pays ! Cela ne m'étonne pas, tes aptitudes à préciser les choses inconcevables te permettent d'en parler facilement !
- Écoute Judas, j'aimerai bien te revoir, j'aimerai que tu viennes fêter la Pâque avec nous, Jean et Jacques vont organiser le dîner, ils te feront savoir où nous nous retrouverons. Viens avec ta compagne, nous serons ravis de vous compter parmi nous.
- Très bien, je viendrai avec ma fiancée Armelle ! Elle va se réjouir, elle a entendu tes prophéties et elle les a même

transcrite sur des rouleaux de parchemin car elle aime comme Myriam, la calligraphie.

34

Le dîner de la Pâque

Quelques jours plus tard, le premier jour de la préparation de la fête pascale, Jean et Jacques s'adressèrent à Myriam pour lui demander :
- Où pourrions-nous t'aider à préparer le dîner de la Pâque ?
Myriam proposa d'aller dans la maison de Philippe et de Salomé, dans leur grande salle.
  Le soir venu, les invités étaient tous autour de la table. Pendant qu'ils festoyaient et mangeaient de très bonnes choses, Jésus leur annonça qu'il doit être livré aux gardiens du temple pour donner un exemple à la foule.
- Rappelez-vous ce que je vous ai dit. Pour accéder au Monde des Merveilles divines, l'ego de l'homme doit mourir comme un crucifié sur la colline de Golgotha. C'est ce qui m'est réservé, c'est l'exemple que je dois donner, malgré moi et au-delà de moi. Il faudrait que l'un d'entre vous me livre aux gardiens du temple car ils ne savent pas où me trouver. De plus, ils ne veulent pas m'arrêter en plein jour car ils craignent la révolte de la foule. Ils ne pourront donc m'arrêter que la nuit quand le peuple dormira.
- Qui parmi vous peut se charger de cette tâche ingrate ? Toi Jean, peux-tu faire cela ? demanda brusquement Jésus.
- Tu plaisantes, Jésus ! Jamais je ne pourrai me rendre chez ces hypocrites pour te livrer, j'en suis totalement incapable !

- Et toi Jacques ! Peux-tu aller leur dire que nous serons au jardin de Gethsémané ce soir là ?
- Tu sais bien qu'il m'est difficile de te refuser quelque chose, mais là franchement tu exagères ! C'est aussi impossible pour moi, ma conscience ne me permettra pas de te livrer, même si c'est déguisé sous forme de service.
- C'est vrai, ce que je vous demande paraît de la folie, mais cette folie humaine n'est-elle pas la Sagesse de notre grand Dieu ? Il faut quelqu'un de qualifié, quelqu'un d'entre vous qui a un accès facile auprès des gardiens du temple, auprès du sacrificateur même. Et toi, Judas mon vieil ami, tu es l'ami de Joseph d'Arimathie et de Nicodème qui siègent dans leur conseil, tu pourrais facilement te faire introduire auprès d'un de leur chef, non ?

Judas hésita longuement avant d'ouvrir la bouche :
- Tu dois être bien sûr de toi, pour t'avancer dans une aventure pareille. Mon ami Joseph d'Arimathie a bien raison d'admirer ta certitude et ta confiance en l'Éternel, le Dieu que nous vénérons. Si j'ai bien compris tu veux simplement que je dise au chef de la police du temple où tu seras une de ces prochaines nuits avant la fête de la Pâque. Tu as bien vu, Jésus, c'est effectivement facile pour moi de faire ce que tu me demandes. Il semblerait même que je sois le seul à avoir accès au chef de leur police. Très bien Jésus, c'est entendu ! Je suis d'accord à une condition, c'est qu'après la Pâque, tu nous acceptes Armelle et moi, comme compagnons de voyage vers le nouveau pays où vous irez. Tu as dis l'autre jour à Élisa, que vous partirez dans un pays lointain, et nous aussi, nous avons envie de quitter cette contrée d'esclavage.

Jésus lui sourit :
- Marché conclu !

Les prophéties de Jésus de Nazareth 117

  Pendant qu'ils mangeaient, Jésus prit du pain sans levain et après avoir rendu grâce à l'Éternel leur Maître, il le rompit comme d'habitude et le donna à ses amis en disant :
- Prenez, mangez, ceci est le pain de l'Éternel notre Dieu. Il prit ensuite une coupe de bon vin et après avoir rendu grâce, il la leur donna, en disant :
- Buvez-en tous, car ceci est le sang de Dieu, le sang de son Alliance avec nous. Je vous l'annonce, nous ne boirons plus désormais de ce fruit de la vigne, jusqu'au jour où nous en boirons de nouveau, ensemble dans le Monde renouvelé de Dieu. Ils chantèrent les cantiques d'avant la Pâque et tard dans la nuit ils s'endormirent tranquillement.

35

L'arrestation de Jésus

Le lendemain matin, Jésus interpella Judas :
- Nous serons ce soir dans le jardin de Gethsémané, tu peux aller leur dire qu'ils peuvent venir me chercher, je suis prêt à faire la Volonté de notre Maître Dieu. Il m'a dit de ne rien craindre, tu comprends cela Judas, n'est-ce-pas ? Dieu ne dévoile jamais son Plan longtemps en avance, mais seulement à l'instant présent, d'heure en heure, bien qu'il nous donne parfois quelques indications très générales pour le futur. Toi, non plus, mon ami, ne crains pas de faire ce que je te demande.

Durant l'après-midi, Myriam dit à Jésus :
- Il faudrait que tu parles à nos amis, ils sont très inquiets, surtout Salomé et Jean qui ont du mal à contenir leur émotion. Comme je les comprends, ils imaginent tellement de choses !
Jésus réunit ses amis et leur expliqua :
- Comme convenu avec Judas, je serai livré cette nuit à la police du temple envoyée par Caïphe. Vous aurez l'impression de voir une conspiration, voire même une trahison, mais ne vous inquiétez pas, l'exemple de la résurrection sera donnée d'ici quelques jours et je vous retrouverai après ces événements. Soyez-en sûr, j'ai quelques assurances concernant l'avenir.

- Nous ne t'abandonnerons pas ! S'exclama Pierre. En tout cas pas moi !
- Je te le dis en vérité, rétorqua Jésus, cette nuit même, avant que le coq chante, tu m'auras abandonné au moins trois fois !
- Même si je dois mourir, je ne t'abandonnerai pas ! dit Pierre, affolé.

Le soir même, ils allèrent tous au jardin de Gethsémané. Jacques et Jean ne quittèrent pas d'un pas Jésus et Myriam.

Le ciel s'obscurcissait lentement, et Jésus leur dit :
- Mon âme est triste à mourir, venez veillons et prions. Il s'éloigna de quelques pas et il pria Dieu ainsi :
- Mon Père, je ne sais pas ce qui m'attend, je remets ma vie entre tes Mains avec mes craintes et mes angoisses. Si c'est possible, que cette épreuve s'éloigne de moi ! Que ta seule Volonté se fasse et jamais la mienne. Quoi qu'il arrive, je m'abandonne à ta Providence parce que c'est Toi qui choisis ! Je Te remercie infiniment.

Après cette prière, il trouva ses amis endormis.
- Réveille-toi, Pierre, veille au moins une heure avec moi, veille et prie Dieu, afin de ne pas être tenté par les ténèbres du sommeil. La chair est faible et il faut un mental bien disposé pour veiller et prier Dieu.

Jésus et Myriam aussi étaient nerveux, ils s'éloignèrent plusieurs fois des amis endormis pour prier encore et demander le Soutien de leur Maître insondable, l'Éternel.

Vers minuit, il s'adressa à ses compagnons :
- C'est l'heure, voilà Judas qui s'approche, il va me livrer aux mains des policiers du temple.

Judas s'approcha de son ami et lui dit : - Salut mon frère en lui donnant le baiser de l'amitié, j'ai fait ce que tu as désiré.
- Mon frère, lui répondit Jésus, tu as donc réussi à venir avec les envoyés du temple, je vois qu'ils sont armés d'épées et de

bâtons ! Quoi qu'il arrive, Judas, comme promis, nous partirons ensemble vers un nouveau monde, dès que cette histoire sera terminée. Ce que tu avais à faire, tu l'as fait, il te faudra attendre notre départ.
    Alors les policiers du temple saisirent Jésus. Matthieu avait un bâton dans les mains, il voulu empêcher le policier du sacrificateur de violenter Jésus et le frappa. Jésus lui dit :
- Range ton bâton, Matthieu, ceux qui utilisent le bâton, recevront des coups de bâton. Ne penses-tu pas que si Dieu voulait me délivrer de ces gens là, Il ne tarderait pas de m'envoyer à l'instant douze légions de soldats ? Il faut que cela arrive, c'est le Plan de Dieu, il doit en être ainsi !
    Et Jésus dit aux policiers :
- Vous êtes venus, comme après un malfaiteur, avec épées et bâtons pour vous emparer de moi. J'étais tous les jours parmi vous, sur la place du temple, et vous ne m'avez pas arrêté. Le chef de la police lui répliqua :
- Tu t'expliqueras devant le conseil du temple, nous n'obéissons qu'aux ordres de Caïphe, ce n'est pas à moi de te juger !
    Alors, ils emmenèrent Jésus chez le principal du temple, Caïphe le haineux qui l'attendait entouré des anciens du conseil.
    Pierre les suivit de loin jusqu'à la cour du souverain sacrificateur, y entra et s'assit avec les serviteurs pour voir la suite des événements.
    Les principaux sacrificateurs et une grande partie du conseil l'accusèrent, ils cherchaient quelques faux témoignages contre Jésus, suffisants pour le faire condamner. De faux témoins l'accusaient, mais aucun témoignage était véritable et vérifiable. Un vieil homme se leva et dit :

- Ce faux prophète a dit qu'il pouvait détruire notre temple et le relever en trois jours. Caïphe se leva d'un bond pour dire à Jésus:
- N'as-tu rien à répondre à ces hommes qui déposent contre toi ?

Mais Jésus garda le silence. Le souverain sacrificateur fulminait:
- As-tu perdu ta langue de prophète ? Je te demande par le Dieu de nos pères de nous dire si tu es le fils de Dieu que nous attendons, selon nos ancêtres les prophètes et de nous le prouver.
- Tu le dis. De plus, je vous le déclare, vous verrez peut-être un jour, la Puissance de Dieu descendre des nuées du ciel sur vous, si vous devenez ses fils.

Alors Caïphe exaspéré déchira ses vêtements dans un mouvement de colère et dénonça :
- Il a blasphémé ! Il se prend pour le fils de Dieu ! Qu'avons-nous encore besoin de témoins ? Voici, vous venez d'entendre son blasphème. Quel châtiment mérite-t-il ?

Alors, les amis proches de Caïphe parmi les anciens du temple répondirent en chœur :
- Il mérite la mort ! À mort le blasphémateur !

Là-dessus, les policiers le violentèrent et se moquèrent méchamment de lui.

Pierre était assis dehors dans la cour. Une servante s'approcha de lui et l'apostropha :
- Mais je te reconnais ! Toi aussi tu étais avec ce faux-prophète !

Mais Pierre nia vivement et dit confusément :
- Je ne sais pas de qui tu parles !

Comme il se dirigeait vers la porte, une autre servante le vit, et dit à ses voisines :
- Celui-ci était aussi avec le Galiléen, il en a en tout cas l'accent.

Il nia une nouvelle fois en se défendant :
- Je ne connais pas l'homme qui a été arrêté.

Puis, les serviteurs du temple s'approchèrent de Pierre et l'interpellèrent :
- Eh toi ! Nous te reconnaissons ! Tu es certainement avec le faux prophète, ton accent galiléen te trahit !

Alors il se mit à proférer des imprécations et à jurer :
- Vous vous trompez, je ne connais pas cet homme ! Aussitôt le coq se mit à chanter, et Pierre se souvint de la parole de Jésus : « Avant que le coq chante, tu m'auras renié au moins trois fois. »

Confondu, il sortit rapidement en pleurs.

36

Le procès

Le matin même, tous les sacrificateurs et les anciens du temple se réunirent pour le faire condamner par les autorités du pays. Ils lièrent Jésus et l'emmenèrent au gouverneur Ponce Pilate.

Jésus comparut devant le gouverneur dans la cour du palais non loin du temple de Jérusalem. La cour était remplie de monde, les gardiens du temple en première ligne, les amis de Jésus, les douze, Judas, Joseph d'Arimathie, Nicodème, tous étaient là, très nerveux. Personne dans le cercle de Jésus ne pouvaient penser que les événements allaient prendre une telle tournure.

Caïphe a dû beaucoup insister auprès du gouverneur tôt ce matin pour que le procès ai lieu si rapidement en raison de la fête de la Pâque toute proche.

Le gouverneur l'interrogea d'un air contrarié :
- Ainsi tu prétends être le roi des juifs ! L'es-tu vraiment ? lui demanda-t-il d'emblée.
- Tu le dis ! répondit Jésus.

Les sacrificateurs et les anciens du temple accusèrent Jésus de toutes sortes de griefs, de toutes sortes d'accusations qui n'étaient que tromperies et mensonges. Le procès paraissait irréel, et ressemblait à une conspiration parfaitement orchestrée.

Jésus garda le silence. Alors Pilate lui lança :
- N'entends-tu pas de combien de charges ils t'accusent ?

Mais Jésus ne lui donna aucune réponse sur aucune question, ce qui l'étonna beaucoup.

A chaque fête de la Pâque, le gouverneur avait coutume de gracier un prisonnier, celui que demandait la foule. Il y avait alors un criminel notoire nommé Barabbas dans les geôles du palais.

Devant la foule assemblée, Pilate leur proposa :
- Lequel voulez-vous que je vous relâche, Jésus ou Barabbas ? Pilate savait que c'était par jalousie que Caïphe avait livré Jésus. Pendant que Pilate était assis au tribunal, sa femme Claudia Procula lui fit dire :
- Qu'il n'y ait rien entre toi et ce prophète juste, car cette nuit j'ai beaucoup souffert de maux de tête, d'insomnie et en songe à cause de lui.

Les principaux sacrificateurs et les anciens du temple persuadèrent la foule de demander Barabbas et de faire périr Jésus.

Le gouverneur leur proposa à nouveau :
- Lequel des deux voulez-vous que je relâche ?
- Barabbas crièrent-ils.
- Que voulez-vous que je fasse avec Jésus, le roi des juifs ?
- Qu'il soit crucifié, hurlèrent-ils !
- Mais quel mal a-t-il fait ? Demanda Pilate.
- Qu'il soit crucifié, crièrent-ils encore plus fort, étouffant complètement les quelques faibles voix qui criaient pour sauver Jésus !

Pilate, de plus en plus contrarié, voyant qu'il ne pouvait rien faire contre la colère du peuple et craignant un tumulte grandissant, prit de l'eau, se lava les mains devant la foule et dit :
- Je suis innocent du sang de ce prisonnier. Cela vous regarde. Et les gardiens du temple, Caïphe en premier crièrent :
- Que son sang retombe sur nous !

Désorienté, Pilate leur relâcha à contre-cœur l'assassin Barabbas.

Jésus regarda Myriam longuement d'un regard complice. Paradoxalement, aucun des deux ne semblait vraiment troublé, mais ils étaient calmes et tranquilles ! Ils partageaient certainement un secret impossible à raconter.

Leurs amis étaient complètement affolés, les femmes pleurèrent sans aucune retenue : Que s'est-il donc passé ? C'est allé tellement vite ? Quel procès inconcevable ? Quelle tromperie incroyable ? C'est une infâme machination ? Ils vont crucifier Jésus ! Mais c'est impossible, impensable !

Judas était prostré dans un coin, jamais il n'aurait pu imaginer les conséquences tragiques du marché conclu avec Jésus.

Judas perdit confiance, il était totalement dépassé, perdu dans l'immensité de l'océan de l'incompréhension. Il était écœuré ! Une pensée ténébreuse l'effleura : se pendre !

Mais il se ressaisit, entendant résonner dans sa tête les dernières paroles de son ami : « Quoi qu'il arrive, Judas, comme promis, nous partirons ensemble vers un nouveau monde, dès que cette histoire sera terminée. Ce que tu avais à faire, tu l'as fait, il te faudra attendre notre départ.

Comment était-il possible que Jésus puisse connaître une fin heureuse dans ce drame qui se déroulait ?

Les soldats du gouverneur conduisirent le condamné au prétoire et ils s'assemblèrent autour de lui. Ils le couvrirent d'un manteau écarlate et lui posèrent une couronne de ronces sur la tête. Puis s'agenouillant devant lui, ils le raillèrent par une mise en scène théâtrale. Les soldats avaient l'habitude d'agir ainsi. Ils jouaient souvent au jeu du roi, où le gagnant était salué bouffonnement par ses camarades. C'est ce qu'ils firent avec ce nouveau roi prisonnier. Ils se moquèrent de lui :
- Salut à toi, roi des juifs !

Après ce jeu dramatique, ils lui ôtèrent le manteau et l'emmenèrent pour le crucifier.

37

La croix

Lorsqu'ils sortirent du palais du gouverneur, les soldats prirent un homme fort parmi la foule et le forcèrent à porter la croix de Jésus. Fatigué de la nuit blanche qu'il venait de passer, Jésus était incapable de la prendre sur ses épaules.

Arrivés au lieu nommé Golgotha, ils lui donnèrent à boire du vin mêlé de fiel, mais il refusa d'en prendre, ne sachant pas ce qu'il contenait.

La croix en acacia fut dressée. Les bourreaux y attachèrent Jésus par les bras avec des cordes usagées, crasseuses et rougies d'un sang sombre. Ils crucifièrent encore deux autres malfaiteurs autour de Jésus. Les soldats avaient achevé leur besogne. Ils s'assirent et montèrent la garde.

Leur chef cloua un petit panneau sur le poteau vertical au dessus de la tête de Jésus sur lequel il écrivit avec une craie : *INRI, Iesus Nazareus Rex Iudarum*, Jésus de Nazareth, roi des juifs.

Les sacrificateurs et les anciens du temple l'injuriaient en disant :
- Toi qui prétends pouvoir détruire notre temple et le rebâtir en trois jours, sauve-toi donc toi-même si tu peux ! Si tu es le fils de Dieu, descend donc de ta croix ! Caïphe se mit de la partie se vengeant de ce fauteur de troubles, il se moquait de lui, et lui cria :

- Tu as voulu sauver mon peuple, et tu ne peux même pas te sauver toi-même ! Tu te prends pour le fils de Dieu, descends donc de ta croix et nous croirons en toi. Tu t'es confié en Dieu, montre-nous donc comment Il va te délivrer maintenant !

Trois heures plus tard, la femme de Ponce Pilate, Claudia Procula fit appeler d'urgence son médecin Joseph d'Arimathie. Elle souffrait de violents maux de tête et de troubles nerveux. Joseph s'empressa d'aller au palais du gouverneur. Il avait emporté quelques médicaments pour la soulager. Il y rencontra le gouverneur auquel il dit pour le rassurer :

- Ta femme souffre violemment dans sa tête, je l'ai soulagé par quelques médicaments, elle s'en remettra, ne t'inquiètes pas, elle va dormir maintenant, elle ira mieux d'ici quelques heures. Je reviendrai la voir demain. Pilate le remercia et Joseph en profita pour enchaîner :

- Ce Jésus que vous avez crucifié cette après-midi est mort par épuisement et par étouffement. Je connais bien sa famille, elle te demande son corps pour l'ensevelir dignement.

Pilate, étonné de la rapidité de son décès, appela le chef des soldats et lui ordonna :

- Va avec le docteur Joseph. Si ce Jésus est effectivement mort, donne-lui le corps, mais s'il n'est pas mort, achève-le avec ta lance. Assure-toi aussi du décès des deux autres brigands. Que ces vauriens disparaissent pour éviter les tumultes ces prochains jours. Il me tarde de retrouver un peu de paix dans ce pays de révoltés !

Joseph et le centurion partirent en hâte vers la colline de Golgotha. Les deux hommes se connaissaient bien, non qu'ils fussent amis, non loin de là, mais le centurion était un patient de Joseph ainsi que sa famille. Il l'avait notamment guéri d'un

Les prophéties de Jésus de Nazareth 131

ulcère de la jambe et le centurion était reconnaissant envers son médecin.

Arrivés au Golgotha, ils constatèrent que Jésus ne donnait plus aucun signe de vie. Joseph savait que Jésus était tombé dans une sorte de coma, il l'examina et dit au centurion :
- C'est fini pour lui, on va pouvoir le mettre dans un tombeau.

Le centurion ne pouvait pas vérifier le constat de décès de l'homme de l'art et encore moins contredire son médecin de famille. Alors d'un geste de sa main, il donna machinalement son accord.

Avant de s'en retourner au palais de son gouverneur, il ordonna qu'on brise les jambes des deux autres malfaiteurs pour qu'ils s'asphyxient et expirent dans une heure ou deux.

Tout près du calvaire se trouvaient comme paralysés, Jean, Jacques, Judas et Salomé qui avaient suivi les événements de loin. Myriam avait du mal à croire ce qu'elle voyait, mais elle avait déjà compris.

Joseph les interpella :
- Venez vite m'aider, on va emmener Jésus dans un tombeau tout neuf, tout près d'ici.

Joseph enveloppa le corps inerte d'un linceul blanc, ils emportèrent le corps et le déposèrent dans la tombe. La pierre qui faisait office de porte roula facilement sur elle-même.

Les amis de Jésus étaient stupéfiés par la maîtrise de Joseph. Pouvaient-ils soupçonner ce que Joseph avait manigancé ? Nul ne le saura jamais.

Ils s'éloignèrent et rentrèrent chez eux.

Les soldats regardèrent la scène en pensant qu'ils n'auront pas le labeur d'ensevelir le corps.

Le lendemain, les principaux sacrificateurs allèrent chez Pilate et lui dirent :

- Cet imposteur Jésus avait dit qu'après la mort il fallait ressusciter ! Nous craignons que le peuple croit à son retour du séjour des morts. Ordonne donc de faire monter la garde devant son tombeau, pour que ses amis ne viennent pas dérober son corps et dire au peuple qu'il est ressuscité des morts. Cette imposture serait la pire de toutes !

Irrité, Pilate leur rétorqua :

- Vous avez une garde ! Allez, faites garder le tombeau comme vous voulez.

Ils s'en allèrent, envoyèrent des hommes garder le tombeau et firent sceller la pierre par des cales en bois.

38

La passion de revivre

Le lendemain paraissait interminable, comme si une journée durait trois jours. Le calme était revenu sur la colline de Golgotha qui ressemblait à un vrai désert.
Un silence lourd de secret y régna.
Myriam et Salomé s'étaient empressées de venir veiller près du tombeau. Les gardiens du temple étaient toujours là, surveillant le lieu d'un œil attentif. Ils s'ennuyaient à mourir.

Le soir venu, Joseph d'Arimathie envoya Judas vers eux. Il leur a fait parvenir quelques cruches de vin de sa ville natale Arimathie, pour les soutenir dans leur besogne.

Les gardiens ravis s'enivrèrent en jouant aux dés, et une heure après, ils étaient allongés par terre comme des hommes morts.

Joseph avait pris le soin d'ajouter au vin, une potion dont il avait le secret pour qu'ils s'endorment bien plus rapidement que d'habitude.

La lune était pleine, rayonnante et sa lumière exceptionnellement forte permettait de voir presque aussi clair qu'en plein jour !

Joseph, Jacques, Jean, et Judas enlevèrent les cales en bois scellant la porte du tombeau, puis la roulèrent facilement et Myriam et Salomé entrèrent dans le tombeau.

Jésus était là, assis, couvert de son linceul blanc dans la nuit noire du caveau.
Au comble de l'étonnement, Myriam balbutia :
- Tu es là Jésus, tu es vivant ! C'est incroyable, as-tu la force de marcher ?
Elle fondit en larmes de joie, une joie intense, immense !
- Oh Myriam, quel miracle ! répondit Jésus. J'ai attendu si longtemps, cela fait au moins trois jours, n'est-ce pas ?
Salomé titubante, dû faire un grand effort pour ne pas tomber en syncope !
Judas et Joseph parvenaient difficilement à contenir leur émotion.
Jacques et Jean, en pleurs, le prirent sous les bras et quittèrent très vite cette colline maudite qui ne transpirait que la sueur nauséabonde de la mort.

La maison la plus sûre et la plus proche était celle de Philippe et de Salomé. Ils y passèrent quelques heures, Jésus avait beaucoup dormi durant son séjour où l'on met les morts et il se restaura bien plus et plus rapidement que d'habitude. Il avait surtout soif, une soif comme il n'en avait jamais connu, une soif inassouvissable d'eau. Il se rendit vite compte qu'il avait intensivement soif de vivre, de vivre passionnément.
Les amis arrivèrent aussi vite que possible.
Le groupe était maintenant au complet. Ils n'en croyaient pas leurs yeux, ils embrassaient Jésus, le prirent dans leurs bras, pour vérifier qu'il n'était pas un fantôme, ils étaient tellement heureux de le revoir, de le toucher.
Joseph était rapidement retourné chez lui, il arriva en dernier, très ému, tenant par la main sa jeune fille Élisa.

Jésus, les vit en premier, avant les autres. Il se leva et alla les embrasser. Il dit :
- Merci Joseph, tu m'as sauvé la vie. Il n'y avait que toi pour réaliser une prouesse pareille.
Je savais qu'il allait se passer quelque chose d'exceptionnel, mais je ne savais pas exactement quoi.
J'avais une confiance absolue en Dieu notre Maître. Il m'avait donné sa Parole. Et voilà que son Esprit a tout organisé, Il t'a inspiré pour faire cette sorte de miracle. Sa Volonté est insondable et si grandiose ! C'est incroyable !

Joseph avait du mal à contenir son émotion. Il regarda longuement Myriam et Jésus avant de dire :
- Je te remercie aussi, Jésus tu m'as appris ce que c'est que d'avoir confiance en Dieu, le Maître absolu. J'ai enfin compris le mot renaissance ! Renaître à Dieu ! Mourir à soi-même, à son ego sans perdre la vie. J'avais compris en théorie, mais grâce à toi j'ai compris maintenant concrètement. J'en ai mis du temps pour comprendre, heureusement que je t'ai connu, à mon grand âge, je n'avais vraiment pas envie de mourir ignorant !
Jésus se tourna vers Élisa et ils rirent ensemble un moment, la joie débordant de leurs cœurs.
A Judas, il donna une accolade, comme deux frères de sang qui se retrouvent. Ils gardèrent le silence, et dès ce moment, ils devinrent de vrais complices et frères pour toujours. Armelle était à leurs côtés, rayonnante.
Pierre et Thomas ne contenaient pas leur joie. Ils dansaient de joie. Ils venaient toucher Jésus en riant à gorges déployées.
Jésus dit à Pierre en riant :

- Tu peux danser ta joie Pierre, nous ne sommes là que pour comprendre, le coq aussi va danser de joie demain matin à l'aube. Il est difficile de croire, mais quand on sait on n'a plus besoin de croire. Alors les doutes et les faiblesses disparaissent comme l'ombre avec la lumière.

Jean dit tout haut :
- Nous ne pouvons pas rester ici, les gardiens du temple vont nous rechercher et s'ils te trouvent Jésus, cette fois-ci, ils vont te faire périr pour de bon et nous avec. Il faut partir d'ici au plus vite. La nuit, personne ne nous suivra. Je propose d'aller dans notre maison à Béthanie, ce n'est pas très loin, et là-bas au moins, ils ne nous trouveront pas.

Jean avait l'impression de jouer au trouble-fête, mais tout le monde s'accorda à dire qu'il avait tout à fait raison. Somme toute, il était clair qu'ils ne pouvaient pas rester à Jérusalem.

Jésus, Myriam et leurs amis quittèrent Joseph et Élisa, après des séparations émouvantes.

Ils se divisèrent en groupe de quatre pour sortir inaperçus de la ville et ils prirent la route de Béthanie. Arrivés à la maison accueillante de Jean et de Rebecca, ils y passèrent la nuit, en sécurité, hors de la portée de tous ceux qui leur voulaient du mal.

Après leur sommeil incompréhensible, à l'aube du jour suivant, les gardiens du tombeau se précipitèrent au temple, raconter la disparition du cadavre. Les sacrificateurs étaient dans une incompréhension totale. Jésus était donc ressuscité ? C'est la pire des nouvelles qui pourrait parvenir aux oreilles du peuple.

Les prophéties de Jésus de Nazareth

Après avoir tenu conseil, ils donnèrent aux gardiens défaillants une somme d'argent en leur disant :
- Dites à ceux qui vous demanderont que les amis du crucifié sont venus la nuit dérober le cadavre, pendant que vous dormiez. Et si le gouverneur l'apprend, nous l'apaiserons. Les gardiens prirent l'argent, et suivirent ces instructions

39

Les préparatifs du grand voyage

Au lever du soleil, Myriam et Rebecca prirent soin des bras de Jésus. Les cordes de la croix avaient écorché la peau et les muscles du crucifié. Le poids de son corps suspendu avait provoqué des plaies ouvertes suintantes. Joseph avait remis à Myriam un alcool pour les nettoyer et un onguent pour qu'elles cicatrisent.

- Mon oncle Joseph est vraiment un homme incroyable, considéra Myriam. Il a même pensé à me donner les produits de soins pour Jésus. Il a pensé à tout, même à l'impensable.

Les amis se réveillèrent les uns après les autres et ils n'arrivèrent pas à contenir leur joie. Le petit déjeuner fut une vraie fête en l'honneur de celui qu'ils avaient cru mort.

- Nous allons partir ! leur annonça Myriam. Très loin d'ici, aujourd'hui même. Nous suivrons la route de la soie, la même route que nous avions prise il y a bien longtemps, mais cette fois-ci nous ne reviendrons pas. C'est un aller simple, sans retour possible car nous n'avons pas d'avenir ici.

Judas et Armelle viendront avec nous, Jésus lui a promis. Thomas et Eva aussi.

Salomé se leva d'un bond en regardant son mari Philippe, et sans hésiter déclara :
- Nous aussi nous partons avec vous, je ne veux pas quitter Myriam ! Nous laissons la maison à Jacques pour qu'il la vende et il viendra plus tard avec Léa. Nous avons convenu cela depuis hier soir.

Jacques pris la parole :
- Avec Matthieu et nos épouses, nous vous rejoindrons plus tard, nous avons encore trop de choses à régler ici. De plus, nous avons décidé de consigner toutes les paroles de Jésus dans des livres. Il nous faut absolument transmettre cette Science inouïe du Réel et transcrire ce que nous avons appris du Pouvoir inimaginable de l'Éternel notre Maître. Nous donnerons nos manuscrits à des amis sûrs et après une ou deux pleines lunes, nous viendrons vous rejoindre. La route de la soie est simple à suivre et nous vous trouverons facilement. Un groupe comme le vôtre va forcement laisser quelques traces.

Jésus conclu joyeusement :
- Cette histoire ne s'arrête pas là, mes amis ! Bien au contraire, elle va continuer !
Après la croix, il y a un autre Chemin à suivre, beaucoup plus intéressant que celui que nous venons de faire ensemble.
C'est le Chemin vers la Lumière, la Lumière de la Connaissance du Monde de l'Esprit, Monde divin, unique, inconnu qui va révéler ses Merveilles et sa Splendeur absolue.

En quelques heures, les préparatifs étaient prêts, ils emmenèrent le minimum pour le voyage. L'essentiel.

Après la croix, Jésus, Myriam et leurs amis prirent la route vers l'orient, la route de la soie, sans regarder en arrière, vers une vie nouvelle.

Une vie renouvelée à chaque instant par la Puissance de la Volonté de l'Éternel.

Après la croix...

Roman atypique

Les prophéties de Jésus de Nazareth 145

1

La fuite de Jérusalem

Après la croix, Jésus, Myriam et leurs amis prirent la route de la soie, la route vers l'orient, sans regarder en arrière, en marche vers une vie nouvelle.
Une vie renouvelée à chaque instant par la Puissance de la Volonté de l'Éternel.
Le groupe se déplaçait rapidement vers le nord, vers l'inconnu. Il voulait rejoindre, Damas en Syrie puis l'importante route commerciale et culturelle reliant l'occident à l'Inde et à la Chine.
Une ambiance de liberté régnait parmi les heureux fugitifs après les événements épuisants de Jérusalem.
- On s'en souviendra de Jérusalem ! Comme cité de la paix, il y a mieux ! commenta Jean. Tu sais Jésus, ton histoire de mort-vivant est vraiment incroyable et si je n'avais pas vu tout cela de mes propres yeux, jamais je n'aurais pu le croire. Notre ami Jean le baptiseur n'a pas eu autant de chance que toi. A présent, je me demande bien ce que les sacrificateurs vont essayer de manigancer pour sortir la tête haute de leur défaite. Ils vont forcément tout faire pour se venger. Caïphe doit être en pleine déconfiture. Je suis certain qu'ils vont apprendre très vite que tu t'es enfui de Jérusalem. Il y a tellement de marchands sur cette route vers la Chine qui vont parler de toi, que ceux du temple vont apprendre très vite que tu es vivant. Ta dépouille

est introuvable, et ils vont te chercher partout. Les rumeurs circulent très vite dans ce pays.

Jésus d'un ton joyeux, le rassura :

- Il est certain qu'ils vont dépêcher un policier du temple pour m'arrêter à nouveau, mais je sais aujourd'hui qu'ils n'arriveront à rien. Il est impensable que mon Père l'Éternel permette à ces hypocrites égarés de m'arrêter à nouveau et de m'assassiner pour de bon. Bien sûr que les sacrificateurs et gardiens des temples sont très nombreux dans tous les pays autour de Jérusalem, mais ils ne viendront jamais là où nous nous établirons. Nous avons l'intention de refaire notre vie dans le sud de l'Inde, là où le climat est agréable et doux. Avec Myriam, nous étions déjà au Cachemire au Nord, nous y retournerons peut-être, mais sans nous y attarder. Le climat est beaucoup trop rude pour envisager de s'y installer.

Tu vois Jean, avec un peu de recul, il est évident que Dieu a agit pour assurer mon sauvetage par tous les événements qui ont eu lieu. Nous vérifions ainsi la justesse de tout ce que nous avons appris auprès de Lui. Notre pensée est infime et dérisoire par rapport à sa Pensée. Lui, quand Il pense, l'Action se réalise aussitôt dans le monde matériel, alors que nous, nous pensons et nous devons ensuite faire de réels efforts pour la réaliser. Tu saisis la différence ? Elle est immense ! Voilà pourquoi nous sommes toujours surpris et dépassés par les événements qui nous arrivent ! Sa Pensée est tellement plus sage et intelligente que la nôtre !

Le Maître l'Éternel n'a pas fait semblant il y a quelques jours à Golgotha. Il ne fait jamais semblant et c'est son Œuvre que nous devons comprendre. Il est clair qu'Il a utilisé les hommes comme des Instruments selon son Dessein. Ils ont tous été comme des acteurs inconscients à son service.

Voilà ce que vous découvrirez de vos yeux renouvelés, même si vous n'êtes pas dans l'ignorance de son Monde magique. Tout ce qui nous arrive de merveilleux ou de défavorable en apparence est toujours selon sa Volonté, et toujours pour le mieux dans tous les cas.

Il n'y a jamais aucun hasard, notre vie n'est pas un lancé de dés !

- C'est ainsi que nous avons envie de vivre, révéla Myriam. Oui ! Nous voulons sortir de la petitesse et de la mesquinerie de nos volontés personnelles et comprendre ce que l'Esprit veut pour nous. Il est tellement plus passionnant de se laisser surprendre par Dieu, plutôt que de tout prévoir.

Notre règle d'or est de suivre exclusivement la Révélation du moment présent. Nous sommes persuadés que notre Maître l'Éternel veille sur nous en nous donnant toujours le meilleur !

Ainsi nous partons sans objectif fixe. Nous suivrons l'étoile polaire, la seule qui est fixe dans l'immensité étoilée. A n'importe quel endroit de notre chemin, elle nous indiquera toujours le nord. Nous rejoindrons Damas, ensuite nous mettrons le cap sur le soleil levant, vers l'est, vers les saveurs et les parfums inconnus de l'orient.

Jean approuva sans hésitation et Rebecca dit :

- Oh oui ! C'est vraiment cette grandeur que nous voulons apprendre avec vous. Nous aussi, nous resterons vigilants au moment présent, d'heure en heure, pour analyser et comprendre ce Monde inconnu qui se déploie devant nous. Et puis avec vous deux comme exemples vivants et vivifiés, nous comprendrons vite.

Rebecca prit Myriam par le bras et le groupe prit la petite route peu fréquentée pour rejoindre Emmaüs.

A une vingtaine de kilomètres de Jérusalem, Raphaël, le frère d'Eva y tenait une auberge.

2

Emmaüs

Jésus et Jean se sont arrêtés chez le barbier d'un petit village pour se faire couper les cheveux très court et se faire raser la barbe. Les voilà rajeunis d'au moins dix années et surtout méconnaissables. Ils rejoignirent aussitôt le groupe.

Deux marchands Cléopas et Nathan rencontrèrent les douze amis en cours de chemin. La conversation était animée et ils parlèrent des événements qui se sont déroulés à Jérusalem.

- Êtes-vous donc les seuls de cette contrée à ne pas avoir appris ce qui est arrivé ces jours-ci ? disait Nathan d'un ton grave.
- Quoi donc ? articula Pierre.
- Vous ne savez donc pas ? Le prophète Jésus de Nazareth a été livré, condamné à mort et crucifié sur la colline de Golgotha. Nous aussi, nous l'avons entendu devant le temple et nous espérions avec tout le peuple qu'il nous délivrerait de nos oppresseurs. Mais notre folle espérance fut déçue. Ce sage a été crucifié et notre espoir aussi. Nous avons ensuite appris l'invraisemblable disparition de son corps. Imaginez ! Le lendemain, le tombeau était vide ! Tout le monde pense qu'il est vivant ! Un cadavre ne disparaît pas comme cela, et d'ailleurs pourquoi enlever un cadavre ? C'est stupide ! Non, nous aussi, nous sommes certains que Jésus n'est pas mort. Il est

certainement sorti vivant du tombeau avec l'aide de ses amis. Oh oui ! Nous aurions aimé être de ces amis là ! Depuis, Jérusalem est en alerte. Hier les soldats du temple ont recherché activement le prophète, vivant ou mort.

    Le groupe arriva dans l'auberge du frère d'Eva. Il y avait déjà beaucoup de monde et de nombreux marchants avec leurs mulets. Raphaël les accueillis chaleureusement et les installa dans une petite pièce à part. Pendant le dîner, Jésus rajeuni et méconnaissable comme transfiguré dit :
- Oh ! Que les hommes sont sans intelligence, lents à comprendre et défaillants pour croire ce que disent tous les prophètes depuis la nuit des temps ! Les hommes sont sur terre pour revenir à Dieu le Maître. Ils doivent accepter de perdre leur ego, de crucifier leur moi-je égoïste vis à vis de Dieu pour pouvoir entrer dans son Monde. Tous les sages et tous les prophètes ont dit la même chose, de Krishna en Inde à Moïse, de Josué à Isaïe et de Daniel à Malachie. Ne faut-il donc pas qu'un sage ou qu'un prophète actuel souffre pareillement pour entrer dans le Monde de son Père ?

    Jésus distribua le pain de la corbeille qui était devant lui, et Cléopas s'écria :
- Mon Dieu ! C'est fou, c'est toi Jésus le prophète. Je te reconnais maintenant, tu as la même voix, c'est incroyable ! C'est toi, tes paroles résonnent encore dans ma tête. Comment est-ce possible ? Tu es donc ressuscité des morts ?
- Celui qui a perdu la vie de son corps ne revient pas avec le même corps. Non ! Cléopas, je ne suis ni mort, ni ressuscité, je n'ai pas perdu ma vie et je ne suis pas un fantôme ! L'oncle de Myriam a organisé mon sauvetage et me voilà bien vivant !

    Cléopas balbutia :

- Mon cœur brûle au dedans de moi. Je fus si malheureux et maintenant je suis si heureux de partager ce repas avec vous. Oh mon Dieu ! Quel miracle ! Je comprends bien ce que tu dis et je vais y réfléchir sérieusement. Demain matin, il faudrait que vous partiez au plus vite, car les soldats du temple vont sillonner la région, ils veulent te retrouver vivant ou mort. Vous faites bien de prendre cette petite route de l'ouest, elle est bien moins fréquentée que la route de Jéricho le long du Jourdain. Ils vous chercheront d'abord là-bas. Par ici, il y a peu de chances qu'ils vous retrouvent, d'autant plus que toi, Jésus, tu es franchement méconnaissable.

- Merci pour ta prévenance, répondit calmement Jésus. Nous partirons demain à la première heure. Dans les prochains jours, ne dites à personne que vous m'avez vu. Je compte sur votre silence ! Plus tard, il est évident que mon histoire ne sera pas rapportée comme elle s'est déroulée. Peu de personnes en retiendront la valeur symbolique, la seule qui puisse aider les chercheurs de vérité à trouver le Chemin vers le grand Maître l'Éternel.

3

Les noces de Cana

Ils sortirent de la Judée en passant par Arimathie. Ils évitèrent les temples, puis ils traversèrent la Samarie par la montagne en longeant le Mont Garizim par la gauche pour arriver en Galilée. Après trois jours de marche, ils arrivèrent à Nazareth et leur réjouissance fut grande de revoir le Mont Thabor qu'ils connaissaient très bien.

A Nazareth, les parents de Jésus n'en croyaient pas leurs yeux et il fallut plusieurs heures pour qu'ils se remettent de leurs émotions. Les festivités du soir furent une joie sans limites.

Le lendemain matin, après des adieux déchirants, ils rejoignirent le petit bourg d'à coté, Cana le village d'Armelle.

Les parents de la fiancée de Judas étaient encore jeunes et ils invitèrent les nouveaux amis à rester chez eux quelques jours pour les noces de leur fils aîné, Nathanaël. Leur maison était en bout de village à l'écart de tous les regards indiscrets et les douze amis s'y sentirent en sécurité.

Nathanaël était surexcité. Il courait partout et dans tous les sens, il devait avoir vingt-cinq ans. Sa fiancée Davina, du même âge que lui avait l'air d'une princesse même sans habits de noces. Jésus les rencontra dans la cour et les salua :

- Bonjour ! Nous restons avec vous pour sceller votre amour. Vous êtes des chanceux avec de tels prénoms, le bonheur ne

pourra pas s'éloigner de vous.
- Ah oui ! Paroles de prophète ? Quelle chance, s'exclama Davina en souriant et pourquoi cela ?
- Nathanaël signifie " Dieu a donné " et Davina " la bien-aimée de Dieu ". C'est vraiment très beau et quand je vous vois, je pense : Oui, " Dieu a donné sa Bien-aimée ". Alors, nous pouvons nous réjouir de vos rires, de vos chants et de vos noces.

Davina répondit :
- Merci Jésus ! Ton prénom et celui de ta gracieuse épouse sont tout aussi remplis de sens. En effet, Jésus, Ieschoua signifie : "celui que Dieu sauve et en même temps, celui qui sauve les âmes de l'ignorance ". Et Myriam qui veut dire " celle qui élève les âmes à Dieu". Je sais que vous œuvrez pour notre Maître l'Éternel. Nous aussi, nous souhaitons participer à son Œuvre, à votre exemple.
- Tes paroles m'enchantent, Davina. Mais d'où as-tu appris le sens caché des mots, il n'est pas très fréquent d'entendre parler ainsi ?
- Avec Nathanaël, nous suivons l'enseignement confidentiel d'un vieux sage inconnu de Nazareth. Je ne sais pas si tu le connais, il a l'air de rien. C'est un homme silencieux et secret, il s'appelle Joseph le charpentier.

Jésus sourit et répondit :
- Joseph de Nazareth ? Le charpentier des âmes ! Bien sûr que je le connais, même très bien, c'est mon père ! Vous faites bien de suivre son enseignement. Il a ainsi dû vous apprendre à rendre la Gloire à l'Éternel, le vrai Père de toutes les âmes. C'est le secret qui permet de tout comprendre. Alors il a aussi dû vous parler de bois, du bois de la croix et de la signification de la croix. Elle est la clé permettant d'ouvrir le livre vivant du Monde merveilleux de Dieu.

Les prophéties de Jésus de Nazareth 155

Vous ne savez peut-être pas mais en Inde, les sages ont également l'équivalent de la croix. La position du cadavre est une vraie réalité dans la science secrète du yoga. C'est une asana, position allongée sur le dos comme un mort ! Un mort à soi-même, mais vivant en Dieu ! Dans la pratique, on reste couché sur le dos, on fait le mort comme du bois mort, on médite pour faire mourir les pensées inutiles et la volonté personnelle. Par l'anéantissement de l'ego, on fait de la place à la Pensée de Celui qui est infiniment plus grand que nous.

Davina et Nathanaël, fascinés, regardèrent longuement le fils de Joseph le charpentier. Alors, lentement, très lentement, ils s'embrassèrent chaleureusement.

Deux jours plus tard, la fête des noces battait son plein, de nombreux convives participaient aux festivités. Alors, dans la soirée, une chaude soirée de printemps, le vin vint à manquer. Surpris par la chaleur précoce, les invités burent plus que prévu.

A table, Armelle dit à Myriam :
- Tu te rends compte ! Mon père a un souci. Il n'y a plus de vin, les réserves sont épuisées. Il faudrait une barrique supplémentaire et il est déjà tard pour en trouver une au village.

Ayant entendu cela, Jésus dit à Armelle :
- Va dire à ton père et au sommelier de remplir la barrique de moût de raisin qui est dans la grange avec de l'eau de source. Qu'il remue bien le tout, je suis presque certain que ce sera un très bon vin. Il y en aura suffisamment, pratiquement soixante dix litres.

Armelle courut chez son père et avec l'aide du sommelier il fut fait selon les conseils de Jésus.

Quand ils goûtèrent le nouveau breuvage filtré, ils furent étonnés. Ils le trouvèrent excellent comme un vieux vin. Le marié Nathanaël s'approcha de son père et lui adressa ses

félicitations :
- Tout maître de banquet sert d'abord le bon vin, puis le moins bon après l'ivresse festive, mais toi tu as gardé le meilleur vin jusqu'à présent. Merci, père !

Jésus dit alors à ses amis assis autour de lui :
- Avez-vous compris la valeur symbolique de ces noces ? Ce mariage terrestre qui unit Nathanaël et Davina est à l'image des Noces de notre âme avec Dieu, l'Éternel. Ce qui est en haut se reflète en bas. En bas est ainsi le reflet de ce qui est en haut !

Nos âmes doivent s'unir à Dieu dans le Monde supérieur après la croix, symbole de la mort du vieil homme en nous. Ces noces humaines sont pour la gloire des mariés dans le monde humain, mais les véritables Noces divines des âmes humaines sont pour la Gloire de l'Éternel.

Le symbole du vin est tout aussi rempli de sens. Ne faut-il pas comprendre que la Sagesse de Dieu est comme le bon vieux vin, qu'Elle est offerte avec le temps, à la fin du banquet de la vie ?

4

Le chant de Jean

Une quinzaine de jours se sont écoulés depuis les événements du Golgotha. Ils quittèrent difficilement la famille d'Armelle. Ils se mirent en route pour atteindre une plage déserte après Tibériade au bord du lac de Galilée. Le climat en cette fin du mois d'avril était déjà agréable, chaud la journée et doux la nuit. Ils achetèrent pour le repas du soir, du poisson frais, des figues, des dattes, des raisins secs de Corinthe, du pain et du vieux vin d'Arimathie.

Autour du feu de bois, sur le sable encore chaud du lac, ils discutèrent de choses et d'autres.

Jésus, assis en face de Jean lui demanda :
- Tu as l'air absent, mon ami, que t'arrive-t-il ? Tu écris souvent, comme si tu avais un secret à cacher.
- Oui, c'est vrai ! Je réfléchis beaucoup, peut-être trop sérieusement ! expliqua Jean. Je songe à la meilleure manière de traduire ce que j'ai entendu et vu depuis que je t'ai rencontré. Il se passe quelque chose en moi, quelque chose d'inexplicable. C'est comme un feu qui me dévore, un grand brasier intérieur qui m'incite à écrire. C'est incontrôlable ! J'aime tellement jongler avec des mots choisis et les écrire avec ma plume d'oie. C'est comme de la magie, un jeu infini. Je partage cette passion avec Rebecca qui aime calligraphier ses poésies.

Il se tourna vers ses amis en disant :
- Voulez-vous entendre les premières lignes de mon manuscrit ?
En cœur, ses compagnons enthousiastes manifestèrent leur curiosité.
- Jean se leva, déroula le parchemin que lui tendit Rebecca, et psalmodia lentement de sa voix grave :

Après la croix,
après la mort du moi,
au commencement de la Vie nouvelle
est la Parole de l'Éternel,
la Parole est Dieu l'Éternel.

Il répéta encore plus lentement comme s'il avait déjà tout dit :

Après la croix,
après la mort du moi,
au commencement de la Vie nouvelle
est la Parole de l'Éternel,
la Parole est Dieu l'Éternel.

Elle est au commencement par Dieu.
Toutes choses sont faites par Elle
et rien de ce qui est fait n'est fait sans Elle.
En Elle est la Vie nouvelle.
Elle est la Lumière de la Connaissance des hommes.
La Connaissance luit
dans l'ignorance des hommes
comme la lumière luit
dans les ténèbres.

Les ténèbres ne peuvent L'atteindre,
ni L'anéantir.
L'ignorance ne L'a pas reçue
comme les ténèbres
ne reçoivent pas la lumière.

La Connaissance du Monde divin
est la véritable Connaissance
qui en venant dans le monde,
instruit tout homme comme la lumière
qui vient éclairer tous les hommes.

Cette Science divine est dans le monde,
le monde est fait par Elle
et le monde ne La connaît pas.
Elle vient chez les hommes
et les hommes ne La reçoivent pas.
Mais à tous ceux qui La reçoivent,
à tous ceux qui croient en Elle,
Elle donne le pouvoir de devenir
fils et filles de Dieu le Père,
lesquels naissent non du sang,
ni de la volonté de la chair,
ni de la volonté humaine,
mais de la Volonté de Dieu.

Et la Parole de Dieu vient chez les hommes
et Elle habite parmi nous,
pleine de grâce et de vérité.
Nous contemplons sa Gloire,
la Gloire qui n'est que pour le Père l'Éternel.
Jean le baptiseur Lui avait rendu témoignage

quand il s'est écrié :
« Dieu l'Éternel qui est annoncé par tous les prophètes était là bien avant moi,
Il est l'Éternel,
et Il sera là bien après moi ! »

Nous recevons tous de sa Plénitude
et Grâce après Grâce.
La loi a été donnée par le prophète Moïse,
mais la Grâce et la Vérité
viennent de l'Éternel le grand Maître.
Aucun homme ne peut Le voir
s'il n'est pas né de Dieu
et si Dieu ne se fait pas connaître.

Un grand silence monastique se fit sur la plage de Tibériade. Ses amis ne purent que le regarder, bouche bée puis lui sourire.
Il enroula le parchemin et le redonna à Rebecca.

Dans cette ambiance de profond recueillement, après quelques temps, Salomé chuchota :
- Excellent, Jean ! Tu as trouvé les mots justes pour exprimer la profondeur inexprimable de ce que nous vivons. Tu es une âme inspirée, vraiment !
La profondeur de tes mots choisis me réchauffe le cœur. J'espère que tu nous reliras encore souvent ton introduction.
Plongés dans leur méditation, ils regardèrent le ciel infini. Les étoiles semblaient scintiller plus qu'à l'ordinaire. La lune, la lampe de leur nuit ressemblait à une vieille dame souriante.

Soudain, déchirant le silence rond et plein de la nuit, Eva s'écria brusquement :
- Oh ! Regardez vite ! Là, près de l'étoile polaire, une étoile filante ! Elle descend droit sur l'eau !

Et Philippe renchérit :
- Elle est pour toi Jean, cette étoile filante, elle vient directement de Polaris ! C'est un très beau Signe, un sacré Clin d'œil du Père l'Éternel ! Il doit certainement approuver tes paroles, alors Il t'a envoyé ce Signe formidable. Tu peux te réjouir, tu es un fils béni de Dieu !

Sur ces bonnes paroles, ils entonnèrent un chant de joie, suivi d'un psaume du Hallel, puis d'un autre. Finalement, ils s'endormirent sous l'œil attentif de l'étoile polaire.

5

L'histoire de Nicodème

Avant l'aube, ils se mirent en route pour rejoindre un peu plus loin, toujours vers le nord, Magdala, le village de Myriam.

Ils firent une halte chez les parents de Myriam qui les accueillirent à bras ouverts.

Après le dîner, Myriam dit à Jésus :

- Tu veux bien nous raconter l'histoire de Nicodème, le meilleur ami de mon oncle Joseph d'Arimathie ? Le dialogue que vous avez eu va sûrement intéresser nos amis.

- Oui, je me souviens bien de Nicodème, un membre du conseil du temple de Jérusalem. Effectivement il était venu me voir un soir très tardivement en secret. Nous étions dans le beau jardin de la ville où nous avions souvent passé des soirées. Il me demanda d'où je tenais ma connaissance du Monde de Dieu, car il savait que personne ne peut parler de Dieu si Dieu n'est pas avec lui.

Je lui ai répondu que personne ne peut voir Dieu, s'il ne naît de nouveau.

- Comment un homme peut-il naître à nouveau quand il est vivant ? demanda-t-il perplexe. Peut-il rentrer dans le ventre de sa mère et renaître ?

Ma réponse fut la suivante :

- En vérité, en vérité, je te le dis, si un homme ne naît pas par l'Esprit de l'Éternel, il ne peut pas entrer dans son Monde formidable. Ce qui est né de la chair est chair, ce qui est humain est humain. Mais ce qui est né de l'Esprit est Esprit et ne peut venir que de Dieu. Ne t'étonne donc pas que je te dis, il faut que vous naissiez de nouveau !

Écoute bien Nicodème ! Le vent de ce soir souffle où il veut, et tu en entends le bruit, mais tu ne sais pas d'où il vient, ni où il va. Il en est de même de l'Esprit, Il souffle où il veut, tu peux entendre sa Parole, ce qu'Il te dit si tu es né de l'esprit.

Nicodème reprit :
- Comment est-ce possible ? J'écoute le vent mais je n'entends rien ! Qui peut me parler par le vent qui souffle ?

Je lui ai alors exprimé mon étonnement :
- Quoi ! Tu es docteur des lois religieuses et tu ne connais pas la Science de Dieu ! Qu'as-tu donc appris et qu'apprends-tu à tes ouailles ?

En vérité, je te dis ce que j'ai appris de Dieu, mon Maître. Je ne peut rien faire d'autre que rendre témoignage de ce que je sais, de ce que j'ai vu et entendu.

J'ai parlé devant le temple et tu n'as pas reçu mon témoignage. Tu ne crois même pas aux choses terrestres dont j'ai parlé, alors comment pourrais-tu croire quand je te parle du Monde invisible de l'Éternel ?

Personne ne peut aller dans le Monde de Dieu, si Dieu ne descend pas en l'homme et l'enseigne ! Et un homme ne peut recevoir de Dieu que ce qu'Il veut bien lui donner ! Tu sais bien ce qu'a fait Moïse dans le désert quand il éleva le serpent pour le faire mourir sur une perche. Le serpent, c'est l'ego ! Il faut le faire mourir. Alors, l'homme peut renaître en redonnant à Dieu la première place ! Nicodème ! Il faut que tu redonnes la Gloire

Les prophéties de Jésus de Nazareth 165

à Dieu ! L'exemple de la croix est exactement la même chose. Même symbole, même compréhension !
Dieu le Père aime tellement ses fils et ses filles qu'Il leur donne sa Science. Par son Enseignement, Il leur offre la Vie par Lui, l'Éternel. Quiconque croit en Lui, ne périra pas, mais vivra dans son Monde merveilleux. Dieu n'envoie pas ses prophètes pour juger les hommes, mais pour que les hommes soient sauvés par Dieu, le Sauveur des âmes ! Celui qui croit en Dieu est sauvé de l'ignorance et n'est pas jugé. Mais celui qui ne croit pas en Dieu est déjà jugé. C'est un rebelle à la Parole de l'Éternel, il ne verra pas la Vie organisée par Lui, mais il demeure dans la Rigueur de Dieu.

Nicodème renchérit :
- Quel est alors le Jugement de l'Eternel ?
- Le Jugement est que la Lumière de la connaissance est venue dans les ténèbres de l'ignorance. Les hommes préfèrent les ténèbres à la Lumière parce que leurs œuvres sont mauvaises. Tu sais bien que quiconque fait le mal hait la Lumière. Il ne veut rien entendre de Dieu, parce qu'il a peur que ses œuvres ne soient dévoilées au grand jour. Il est alors dans la Colère de Dieu ! Mais celui qui agit selon la Vérité divine parce qu'il a apprit la Science du Maître divin, celui là ne craint pas d'œuvrer en plein jour, parce que ses œuvres sont faites pour Dieu.

Voilà l'histoire de Nicodème, j'ignore s'il a compris car il était âgé. Vous savez comme moi qu'il est difficile de changer la manière de penser à cet âge. Son ami Joseph d'Arimathie pourra peut-être lui expliquer la symbolique de la croix. Il finira peut-être par comprendre la renaissance mystérieuse après la perte de l'ego, après la croix. En tous cas, je lui souhaite, comme je le souhaite à vous tous.

6

Le puits

Les voyageurs contournèrent le village de Chorazin, au nord du lac de Galilée pour s'arrêter à l'écart de la foule. L'endroit était tranquille, quelques arbres fruitiers en fleurs les invitèrent à se reposer sous l'ombre bienvenue.

Myriam tira une outre en peau de chèvre de son petit sac, bu lentement quelques gorgées pour savourer le rafraîchissement, puis la tendit à Jésus.

Fatigués de leur marche sous un soleil de plomb ou plutôt sous le soleil d'or, ils firent une halte prolongée.

Non loin de là se trouvait un très ancien puits en pierre.

Jean comme d'habitude griffonna quelques notes sur des petites feuilles de parchemin. Judas et Thomas s'allongèrent dans l'herbe desséchée, la tête calée sur leur besace.

Jésus se mit à parler :
- Hier je vous ai raconté l'histoire de Nicodème pour vous expliquer l'image du vent. J'ai comparé l'Esprit de notre Maître au vent qui souffle où il veut, le vent est l'air animé par une force invisible. L'air est indispensable à la vie terrestre à l'image de l'Esprit qui est indispensable à la Vie animée par Dieu, la Vie nouvelle selon Lui.

Aujourd'hui, je voudrai vous raconter...

Au même instant, une jeune femme élancée, une Samaritaine, sans doute, s'approcha du puits. Elle puisa la

précieuse eau, la versa dans sa cruche. Elle se tourna vers les étrangers, les salua d'un sourire et s'en retourna au village.
- Le puits doit être profond, remarqua Philippe !
- Jésus enchaîna :
- Les hommes qui ont creusé ce puits se sont donné beaucoup de peine pour arriver à l'eau profonde. Il y a très longtemps, au temps de l'ancêtre Jacob, ces hommes avaient des connaissances approfondies pour trouver de l'eau dans ce désert. Ils ont dû creuser longtemps pour arriver à puiser l'eau, le sang de la terre ! Par comparaison, pour trouver l'Eau vive de la Parole de Dieu, il faut aussi creuser longtemps et profondément dans ses terres intérieures, au fond de notre âme.

Le trésor qui s'y trouve..... c'est Dieu !

Il s'y est caché !

Car nul doute, Dieu se cache au tréfonds de nos âmes, comme l'eau se cache au tréfonds de la terre, dans la profondeur d'un puits.

Ne sommes-nous pas tous des puisatiers ?

Les mondains ne veulent pas creuser, ils ont perdu le goût de l'effort, et l'Eau vive de la Science sacrée est perdue pour eux. Certains creusent un peu, puis abandonnent devant l'ampleur de la tâche. Et très rares sont ceux qui creusent jusqu'à ce qu'ils trouvent la Parole de Dieu, l'Eau vive cachée au fond de notre âme.

Si cette femme qui a cherché de l'eau connaissait Dieu et ses Dons miraculeux, elle Lui aurait demandé à boire sa Parole vivante et Dieu lui aurait donné sa Parole comme l'eau du puits.

Quiconque boit de l'eau de ce puits pour étancher sa soif aura encore et toujours soif.

Mais celui qui boira l'Eau vive de la Parole que Dieu lui donnera, n'aura plus jamais soif d'une autre parole vide et creuse.

La Parole que Dieu lui donnera deviendra en lui une Source inépuisable qui jaillira jusque dans la Vie éternelle donnée par l'Éternel le Maître.

Que tous les hommes et les femmes demandent et crient à Dieu :

- Maître ! Donne-nous l'Eau sacrée de ta Parole, afin que nous n'ayons plus soif d'autres paroles mortes, comme tu nous donnes aussi l'eau d'un puits pour étancher notre soif !

Mes amis, croyez-moi ! L'heure viendra où ce ne sera pas ailleurs, ni là-bas, ni sur la montagne que vous voyez au loin, que les hommes adoreront Dieu le Père. Pour l'instant ils adorent ce qu'ils ne connaissent pas, des idoles, des prophètes ou d'autres petits dieux.

Mais nous, nous adorons ici et maintenant, Celui que nous connaissons, car le Salut de nos âmes vient de Lui.

L'heure vient et c'est maintenant que les vrais adorateurs adorent l'Esprit, l'Éternel car Il est la Vérité.

Et ce sont là les vrais adorateurs que le Père demande !

Dieu est Esprit. Il faut que les adorateurs L'adorent en Esprit car Il est la Vérité supérieure!

Judas dit d'un air interrogateur :
- La Vérité supérieure ? C'est quoi ? Qui La connaît ?

- Celui qui connaît cette Vérité, mange une nourriture que les ignorants ne connaissent pas !

La nourriture des sages instruits par Dieu le Maître est de faire sa Volonté et d'œuvrer pour Lui. Voilà la Vérité !

Jésus s'arrêta de parler, prit le sac de Myriam, la gourde d'eau à nouveau remplie et s'apprêta à poursuivre la route vers la soie, vers le Soi, vers l'Absolu.

- Jean ! À la vitesse où tu écris, tu auras bientôt la crampe de l'écrivain et ta réserve d'eau noire pour ta plume d'oie sera vite épuisée ! lança Thomas.
- Taquin aujourd'hui ? lui rétorqua Jean. Ne t'inquiètes pas pour moi, je pourrai toujours y ajouter un peu d'eau vive de mon puits !

Les douze éclatèrent de rires et disparurent derrière les arbres en fleurs.

7

Les champs de blé

Après Chorazin le groupe traversa le Jourdain pour se diriger vers Césaré de Philippe.
Jésus dit :
- Les champs de blé sont en fleurs, ce sera bientôt la moisson. L'agriculteur qui a semé les grains de blé dans son champs sera celui qui va moissonner. Il recevra son salaire.

Dans le Monde supérieur de Dieu, l'homme qui travaille pour le Maître reçoit ses Dons et ses Récompenses par surcroît selon ses mérites. Il reçoit la Vie organisée par l'Éternel en même temps que les nécessités matérielles. Ainsi l'homme et son Maître, l'Esprit se réjouissent ensemble.

Dieu est Celui qui sème ses Signes, et Il offre ses Dons pour ses fils et ses filles qui récoltent ce qu'ils n'ont pas semé. Dieu les envoie récolter ce qu'ils n'ont pas travaillé car d'autres ont travaillé pour eux et ils reçoivent les fruits de leur travail.

Les ignorants du Monde divin travaillent pour eux-mêmes et non pour Dieu, leur Maître. Alors Dieu leur prendra ce qu'ils ont amassé et le donnera à ses fils et à ses filles.

Celui qui fait la Volonté du Maître vit dans son Monde et il reçoit par surcroît d'une manière providentielle ce dont il a besoin, sans être obligé de travailler.

Alors Dieu et ses amis se réjouissent ensemble.

Lorsque l'Esprit se mêle aux affaires d'un homme instruit de sa Science, il peut compter sur Lui et se reposer sur ses Dons.

Évidemment, cette Science ne s'acquiert pas en une journée ou en une année. L'Enseignement par le Maître commence à la croisée des chemins, à la croix et dure après la croix pendant de nombreuses années.

Thomas perplexe demanda :
- C'est incroyable ! Est-ce vraiment possible ? Tu veux dire que nous pouvons devenir comme Adam et Eve qui mangent les fruits du paradis sans travailler ? Ou encore comme le peuple de Moïse qui vécut de la manne au désert ?
- Ou encore comme des poissons dans un bassin qui reçoivent leur nourriture ? renchérit Eva.
- Oui c'est à peu près cela. À la différence près, qu'il faut un certain niveau de conscience pour recevoir les Dons divins, car ils ne sont pas gratuits. Seuls ceux qui font des efforts pour connaître et correspondre à Dieu le Père reçoivent ses Récompenses. Les ignorants ne recevront rien, et ils perdront même ce qu'ils ont.

Nul ne peut accéder au Monde de Dieu s'il n'a pas reçu son Enseignement et s'il n'a pas compris.

Rachel l'interrompit :
- Je ne comprends pas comment notre Père, l'Esprit suprême peut nous enseigner comme on peut recevoir l'enseignement par un maître ou par un docteur de la loi ?
- Son enseignement, reprit Jésus, est tout ce qu'Il nous dit intérieurement et extérieurement. Tout ce qu'il nous fait comprendre par des sensations ou des intuitions, des révélations et par ce qui nous arrive en dehors de notre volonté personnelle. Sa Science est reçue exactement comme on

apprend une science humaine, c'est la même chose, à un niveau différent.

- Et comment puis-je être certaine que c'est Lui qui m'enseigne ?

- L'Éternel le Maître est responsable de son Enseignement, et de ta compréhension. Il fait tout pour que tu comprennes à chaque fois la leçon, sinon Il répète jusqu'à ce que le niveau de connaissance soit acquis.

8

Confidences

Thomas lui demanda :
- Comment pouvons-nous discerner la Volonté de Dieu de notre volonté personnelle ?
- Après la croix, après la crucifixion de notre ego, ce diable diviseur, la Vie nouvelle est différente de celle que nous connaissons. Le nouvel homme pense différemment, autrement selon la Pensée absolue du Maître. Avant la croix, l'homme est actif selon sa volonté personnelle. Mais après la croix, dans le Monde régit par Dieu, l'homme doit Le laisser faire en agissant très peu. L'homme fera ce qu'il verra selon la Volonté de l'Éternel. Le Maître lui montrera ce qu'il doit faire, il le sentira, il comprendra avec l'expérience.

Jésus poursuivit :
- Si un homme appelle Dieu son Père, il est son fils, mais il n'est pas égal au Père, c'est impossible, et impensable. Le fils ne peut pas être le Créateur, ni l'Esprit absolu. Comment pourrait-il l'être ? L'âme du fils ou de la fille n'est qu'une partie infinitésimale de l'Âme infinie de Dieu.

Les fils et les filles du Père l'Éternel ne peuvent rien faire d'eux-mêmes. Ils ne peuvent que regarder pour voir si Dieu leur montre quelque chose ou pas. Ils font ce qu'ils voient selon sa Volonté.

- Et comment peut-on vivre passivement, sans rien faire ? Juste recevoir ? renchérit l'épouse de Thomas.
- Oui ! Je sais bien ! C'est difficile à comprendre, mais Le laisser faire n'est pas ne rien faire, il y a une différence ! Bien entendu, nous devons agir, boire de l'eau, nous nourrir, nous laver, marcher, s'occuper de nos petites affaires. Dans le Monde supérieur, plus on progresse et moins nous avons besoin d'agir et moins nous avons de désirs. Dieu suppléé à nos besoins par une sorte de magie selon son Esprit, et l'Esprit, vous le savez, est sa Volonté. Le Père aime ses fils et ses filles et Il leur montre tout ce qu'Il fait pour eux. Il leur montre des Œuvres grandioses afin qu'ils soient dans l'étonnement et dans l'émerveillement. La Vie selon l'Éternel est ainsi une succession de surprises. Personne ne sait ce que Dieu va choisir, ni décider, nul ne peut connaître son Dessein à l'avance, voilà pourquoi la vie est toujours surprenante. Si nous décidons de tout, si nous prévoyons chaque jour pour l'année à venir, notre vie est morte, morte aux Choix divins. Ainsi, le futur restera toujours un mystère insondable, un mur impénétrable, qui se révèle d'heure en heure. Imaginer ce qui arrivera demain est obligatoirement une illusion.

Dieu, notre Maître agit de trois manières :

Il empêche les événements de se réaliser parce qu'Il a un autre Plan,
Il tolère les agissements des hommes.
Il agit directement par tous les moyens dont Il a besoin selon sa Volonté absolue.

- Parle-nous encore du Monde supérieur, c'est si nouveau pour nous, j'ai l'impression que cette Science est difficile à

comprendre et que le banc sur lequel je suis assis est un peu haut pour moi, lança Pierre.
- Au début, ce Monde merveilleux est caché, secret donc invisible. En fait, cet aveuglement n'est dû qu'à notre ignorance. Par l'Enseignement de notre Maître, son Monde occulte se révèle lentement, imperceptiblement, il devient une impression, une ambiance qui se dilate et nous envahie. Ensuite, ces impressions deviennent des sensations plus nettes et plus fortes. On distingue quelques Signes visibles, quelques sensations d'entendre des secrets, on goûte et on sent une Présence perceptible. C'est alors une Puissance qui nous rempli et qui nous comble. Ces expériences deviennent des réalités tangibles et nous discernons une Réalité incroyable derrière les apparences. Finalement, il est parfaitement possible de Voir Dieu partout et par tout ce qui existe.
- Et que pouvons-nous faire pour progresser et recevoir ces sensations non ordinaires ? dit Philippe.
- Vigilance, soyez vigilants à chaque seconde, laissez-faire le Maître, abstenez-vous de vouloir tout maîtriser. Oui abstenez-vous de gâcher son Plan infiniment plus merveilleux que le vôtre. Laissez tomber vos pensées illusoires, vos vaines paroles et vos agissements inutiles comme on laisse tomber une pierre dans l'eau. Demandez au Maître Dieu son Enseignement et vous l'aurez. Voilà ce qu'il faut réaliser, regardez, cherchez l'Esprit comme des chercheurs d'or, soyez toujours prêts à vous laisser surprendre, à voir et à recevoir les Signes innombrables de votre Père l'Esprit suprême.
- Mais c'est épouvantable ! s'exclama Armelle. Les humains veulent faire leur propre volonté et réaliser leurs rêves.
- Oui, c'est cela ! dit tranquillement Jésus. C'est parfaitement épouvantable pour celui qui s'identifie à ses pensées et à son corps, c'est à dire à son moi, à son ego.

C'est exactement ce qu'il faut abandonner ! C'est le plus cher mais c'est le prix à payer pour retrouver ce Monde merveilleux perdu.

Dieu veut tout de l'homme pour pouvoir lui donner tout Dieu. C'est ainsi, sans pourquoi. Les Choix du Maître des mondes sont absolus.

Sur le chemin vers l'Inde, Jésus, Myriam et leurs amis suivirent les Signes de la Volonté divine.

Dieu fut leur Guide et ils vécurent dans le Monde magique divin jusqu'à la fin de leurs vies.

Matthieu, qui est resté à Jérusalem a rédigé son livre dans lequel il a consigné les paroles prononcées par Jésus avant la croix.

De son coté, Jean fit de même, il rédigea son livre au jour le jour en accompagnant son ami Jésus après la croix

Thomas et son épouse retournèrent quelques années plus tard près de la mer morte, à Qumran où il rédigea son écrit.

Ouvrages du même auteur

Le temple de l'âme. *Prix Philosophie et Tradition Le Pélican d'or 1999.* Éditions Dangles

La symbolique des maladies 2001 Éditions Dangles

Mat Tarot. Roman initiatique. 2017 Bod Éditions

Les prophéties de Jésus de Nazareth suivi de **Après la croix** sont extraits du Tome 1 de l'ouvrage *l'Héritage perdu.*

L'Héritage perdu. Bod Éditions 2019
Trilogie.

L'Héritage perdu. Tome 1 : 484 pages.

Livre 1 : Le manuscrit de Jacques Bartel. *Roman*
Livre 2 : Les prophéties de Jésus de Nazareth. *Roman*
Livre 3 : Après la croix... *Roman*
Livre 4 : L'écrit de Matthieu
Livre 5 : L'écrit de Jean
Livre 6 : Qui sommes-nous ?
Livre 7 : Les Merveilles de l'Héritage

L'Héritage perdu. Tome 2 : 620 pages

Livre 1 : Le Chemin initiatique
Livre 2 : Le Code confidentiel
Livre 3 : La Voie du moment présent
Livre 4 : Les bonnes Nouvelles
Livre 5 : La Progression spirituelle

L'Héritage perdu. Tome 3 : 435 pages

Livre 1 : Que le grand Jeu commence
Livre 2 : L'illusoire et le Réel
Livre 3 : La Parole oubliée
Livre 4 : Oser penser différemment
Livre 5 : La Perle du pèlerin
Livre 6 : Le jardin de l'âme

Ces livres sont disponibles en librairies, aux Éditions BOD, www.bod.fr, chez les sites libraires internet, Fnac, Amazon, Décitre, Books.google, etc...

Contact : email : arnoldroland7456@gmail.com

Le Père l'Éternel. Peinture de Raphaël.

Edition : Books on Demand,
12/14 rond-Point des Champs-Elysées, 75008 Paris
Impression : BoD - Books on Demand, Norderstedt, Allemagne
ISBN : 9782322207633
Dépôt légal : mars 2020